Le management des services

Éditions d'Organisation
Groupe Eyrolles
61, bd Saint-Germain
75240 Paris cedex 05

www.editions-organisation.com
www.editions-eyrolles.com

Chez le même éditeur

Edward de Bono, *La boîte à outils de la créativité*

Ken Blanchard et Mark Miller, *Comment développer son leadership*

Ronald Coase, *L'entreprise, le marché et le droit*

Henry Mintzberg, *Le management : voyage au centre des organisations*

Maurice Pillet, *Six Sigma*

Jean-Claude Thoenig et Charles Waldman, *De l'entreprise marchande à l'entreprise marquante*

Gerald Zaltman, *Dans la tête du client : ce que les neurosciences disent au marketing*

James Teboul

Le management des services

Une approche opérationnelle
pour toutes les entreprises

EYROLLES
Éditions d'Organisation

L'édition originale de cet ouvrage est parue au Royaume-Uni sous le titre *Service is Front Stage*, aux éditions Palgrave MacMillan.
© James Teboul, 2006

Traduit de l'anglais par Anne Daron-Berthelon

ISBN : 978-2-212-53742-0

© Groupe Eyrolles, 2007

Table des matières

À Jean-Claude, Patrick
et François

Introduction

Aujourd'hui, l'attention se porte de plus en plus sur le secteur des services dont la croissance rapide lui a permis de supplanter les deux autres secteurs de l'économie, l'agriculture et l'industrie. Mais sa prédominance même et la variété des services proposés rendent caducs et trompeurs cette définition des services et le découpage de l'économie en trois secteurs.

Comment donner un sens à ce foisonnement ? Comment trouver une définition opérationnelle qui permette d'agir avec efficacité pour traiter les problèmes spécifiques des services ?

La force d'une nouvelle définition réside dans sa simplicité et sa concision, mais aussi, dans sa capacité à intégrer et organiser les idées et les démarches utilisées, ici et là, pour explorer le domaine.

Cet ouvrage propose une définition des services reposant sur la distinction entre avant-scène et arrière-scène. Le service, c'est l'avant-scène, l'interaction avec le client, son expérience, sa perception. La production, les opérations de transformation, le traitement des données, c'est l'arrière-scène.

Selon cette définition, nous sommes tous dans les services, plus ou moins. Les industriels sont dans les services, tout autant que les professionnels du service sont dans l'industrie. C'est cet aspect de « plus ou moins » d'avant-scène qu'il est intéressant d'étudier, dans la mesure où il oppose deux mondes très différents, deux visions très contrastées. Un monde de la transformation physique, et un monde de l'interaction et de l'expérience. Un monde vertical hiérarchique et normé, et un monde horizontal, de travail d'équipe et de personnalisation. Mais, cependant, deux mondes qui doivent coopérer et dialoguer. L'idée est simple, mais elle ouvre une dialectique féconde, qui permet d'explorer de façon systématique et cohérente les activités de service de tous les secteurs de l'économie.

Le lecteur comprendra pourquoi il n'est plus possible de dissocier le processus du produit, ou pourquoi les domaines traditionnels du marketing, des opérations ou des relations humaines, doivent fusionner sur l'avant-scène. Il comprendra également la spécificité des problèmes de qualité, de productivité ou de flexibilité, dans les services.

Nous verrons que la définition proposée est assez solide pour couvrir tous les secteurs de l'économie, et que la démarche qui s'en dégage offre une carte d'orientation et des modèles permettant d'explorer et d'organiser efficacement tout type de service.

Le concept d'avant-scène et d'arrière-scène n'est pas nouveau mais il permet, en l'exploitant systématiquement, d'étudier les problèmes spécifiques des services à l'aide d'instruments originaux comme le service mix, le triangle des services ou la matrice d'intensité de service.

Cet ouvrage ne s'adresse pas aux lecteurs qui veulent approfondir et affiner leur réflexion dans un domaine précis. Il est plutôt destiné à ceux qui recherchent une vue d'ensemble d'un domaine aussi vaste, une carte d'orientation en quelque sorte, pour explorer le monde des services au regard de leur propre expérience, une méthode pour concevoir, positionner et mettre en œuvre tout type de service.

Les chapitres se succèdent selon une suite qui se veut logique.

Après un bref rappel des classifications traditionnelles, le *chapitre 1* présente la nouvelle définition et aide le lecteur à comprendre dans quelle mesure, aujourd'hui, nous sommes tous dans les services.

Le *chapitre 2* établit la distinction entre l'avant-scène et l'arrière-scène, puis évoque le problème de la coordination de ces deux mondes très différents.

Le triangle des services au *chapitre 3* permet de développer l'approche service plus avant. Plusieurs problèmes majeurs deviennent visibles, et en particulier, la nécessité de développer une culture de double partenariat avec le client et l'employé.

La matrice d'intensité de service introduite au *chapitre 4* est un excellent instrument pour positionner tout type de service, comme le montrent de nombreux exemples.

Le *chapitre 5* établit les conditions du succès d'un service en montrant l'importance de trouver et de conserver un bon accord entre la proposition de service et la valeur perçue par les différentes parties concernées.

Les *chapitres 6 et 7* expliquent la différence entre la qualité de conformité et la qualité de service, puis guident le lecteur dans l'analyse des trois mouvements de la qualité.

Le *chapitre 8* traite d'un autre problème propre aux services : l'équilibre entre la demande et la capacité.

Dans le *chapitre 9*, l'heure est venue de démontrer la valeur et l'utilité des concepts et instruments présentés dans les chapitres précédents, et de voir comment ils s'appliquent aux deux extrémités du panorama : les services industriels encore proches du produit à un bout et, à l'autre bout, les services professionnels très focalisés sur l'interaction avec le client.

Enfin, le *chapitre 10* est centré sur la gestion du processus de changement. Lorsque les dirigeants d'entreprise cherchent à recréer de la valeur par un repositionnement stratégique, ou encore lancent ou relancent un processus d'amélioration continue, ils doivent se concentrer sur l'action et mettre en œuvre un processus de changement systématique.

Cet ouvrage présente un certain nombre d'illustrations, de schémas et de symboles, conçus pour aider les lecteurs à assimiler et à mémoriser rapidement les idées et les concepts essentiels, en utilisant les deux hémisphères de leur cerveau. J'ai en effet souhaité proposer un texte aussi concis que possible, sachant que les responsables d'entreprise manquent toujours de temps et préfèrent souvent une bonne image à un millier de mots.

La rédaction de ce livre a grandement profité des questions, discussions et apports des participants aux séminaires organisés à l'INSEAD, et dans les différentes entreprises où je suis intervenu (dont la liste serait trop longue à citer). Je voudrais en particulier remercier Stephen Chick, Christoph Loch, Ben Bensaou, Jens Meyer et Yves Doz pour leurs nombreuses suggestions et améliorations, Anne Daron-Berthelon pour son assistance de traduction, et Claire Derouin pour son infinie patience lors de la mise en forme du texte.

En rédigeant ce livre, je me suis évidemment inspiré de nombreux ouvrages. Bien qu'il soit impossible de citer la totalité des sources, je me suis efforcé d'en donner les principales dans le texte, les autres étant répertoriées dans la bibliographie. Pour moi et, je l'espère, pour le lecteur, l'important est le voyage proprement dit. Au cours de la rédaction, certains problèmes me sont apparus plus clairement et c'est cette nouvelle perspective – éclairée par le concept d'avant-scène et d'arrière-scène – que je souhaite partager dans les pages qui suivent. La seule originalité que je revendique, est la démonstration que cette nouvelle définition des services est suffisamment ouverte et performante pour explorer tout le domaine et replacer les principaux problèmes dans une perspective enrichissante et opérationnelle.

Chapitre 1

Pourquoi une nouvelle définition des services ?

Les services représentent aujourd'hui le secteur le plus important de l'économie, mais leur nature exacte reste encore mal définie.

La plupart des gens seront sans doute d'accord avec le magazine anglais *The Economist* lorsqu'il déclare qu'un service désigne « cette chose que l'on ne peut laisser tomber sur son pied ». Il en sera de même si l'on affirme que ce secteur ne comprend pas la production automobile. Toutefois, les avis sont beaucoup plus partagés si l'on essaie d'expliquer ce qu'est un service plutôt que ce qu'il n'est pas. Quel est le point commun de toutes ces activités que l'on appelle services ? Quelles sont leurs caractéristiques fondamentales ? Peut-on trouver une définition opérationnelle qui permette de comprendre et d'agir ?

Une classification en trois secteurs qui n'a pas grand sens

Dans la vision classique en trois secteurs, les services représentent le secteur tertiaire, c'est-à-dire le troisième élément de la trinité dont les deux autres composantes sont l'agriculture (secteur primaire) et l'industrie manufacturière (secteur secondaire).

Cette définition suit l'évolution naturelle du développement économique. C'est tout d'abord l'agriculture qui domine en termes de production et d'échanges. Du fait de sa faible productivité, elle occupe la majorité des membres de la société. Machinisme et culture intensive libèrent une main-d'œuvre qui quitte la ferme pour aller à l'usine. La révolution industrielle entraîne le développement rapide du secteur secondaire. Les économistes célèbrent ou critiquent la production de masse de biens durables. Mais avec les gains de productivité dus aux économies d'échelle et à la sous-traitance vers des sites à faible coût, les cols bleus quittent l'usine pour aller dans ces grandes tours qui symbolisent le développement du secteur tertiaire, dit des services.

Ce secteur s'étend alors rapidement, englobant tout ce qui n'est pas industrie ou agriculture, jusqu'à finalement devenir le plus important des trois. On voit donc dans les journaux de belles courbes qui montrent l'évolution des trois secteurs avec de grandes interrogations. « Sommes-nous tous destinés à devenir des cols blancs, des marchands de frites ou des amuseurs publics ? Est-ce que les services peuvent se développer ou survivre sans un solide secteur industriel ? »

Ce glissement des emplois de l'agriculture vers les deux autres secteurs est l'un des changements les plus marquants du XXe siècle et il a été observé dans le monde entier.

% de la population active

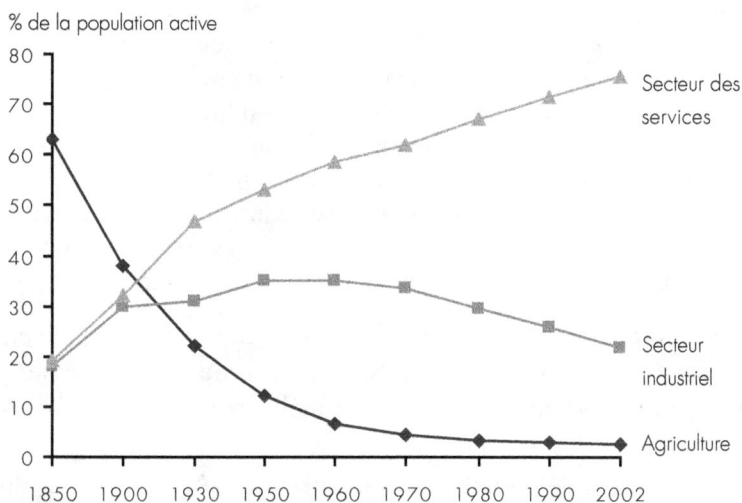

Figure 1.1 : Emploi par secteur aux États-Unis[1]

En 2002, l'emploi agricole ne représente plus que 5,3 % de la population active au Japon, 2,6 % aux États-Unis et 4 % en France.

Mais le secteur industriel a connu une baisse tout aussi significative au cours des trente dernières années. Quoique nettement moins linéaire, elle n'en est pas moins remarquable.

On peut donc s'attendre à ce que l'emploi industriel continue de baisser dans les pays développés, pour tomber à environ 10 % au cours des trente prochaines années.

C'est donc principalement dans le secteur dit des services que ces emplois ont été transférés. En fait, ce secteur, qui représente un vaste assemblage hétéroclite de professions, ne provoque pas au début beaucoup d'enthousiasme.

Ce manque d'intérêt apparaît aussi bien dans les écrits d'Adam Smith que de Karl Marx un siècle plus tard. Dans son livre *La richesse des nations* publié en 1776, Adam Smith écrit :

15

« Le travail de certains membres de la société appartenant aux ordres les plus respectables, tout aussi bien que le travail des serviteurs subalternes, est dépourvu de toute valeur ajoutée, et ne se transforme ou ne se réalise en aucun bien vendable qui demeure après accomplissement. Il faut ranger dans cette même catégorie, à la fois certaines des professions les plus sérieuses et les plus importantes, et certaines des plus frivoles : hommes d'église, avocats, médecins, hommes de lettres, joueurs, bouffons, musiciens, chanteurs d'opéra, etc. »

Cette citation laisse apparaître un manque d'estime envers un secteur qui est considéré comme improductif, éphémère, dépourvu de valeur ajoutée, et qui mêle sans distinction hommes d'églises et bouffons.

Cette attitude a malheureusement perduré tout au long du XXe siècle. Le dédain des théoriciens de la planification centralisée envers les services a empêché leur développement dans les économies d'Europe de l'Est, de la Russie et de la Chine, ce qui explique pourquoi ces pays ont eu, et ont encore aujourd'hui, les plus grandes difficultés à assurer le transport, la distribution, le financement ou l'entretien des biens qu'ils produisent.

Le secteur des services ou le secteur du « reste »

L'observation du secteur des services montre qu'il est trop vaste et mal ficelé pour fournir une définition valable. Il représente en fait le reste de l'économie et englobe une énorme variété d'activités.

Les frontières sont floues. Vous êtes comptable chez Renault et les statisticiens disent que vous êtes dans le secteur industriel. Vous faites la même chose chez Accor et ces mêmes statisticiens disent que vous êtes dans le secteur des services.

Bien qu'un constructeur d'ascenseurs fasse l'essentiel de son profit sur les services de maintenance, son activité est classée dans le secteur industriel. Il en est de même de General Motors ou Renault, malgré l'importance des services financiers et d'assurance. En fait, la focalisation historique sur le secteur industriel continue d'influencer, sinon de polluer, le secteur des services. La logique industrielle de planification, de centralisation verticale, de spécialisation et d'uniformisation, est facilement évoquée dans l'armée, l'école et l'hôpital. Mais la logique des services, c'est tout autre chose. Elle est centrée sur le client, sur sa condition particulière et locale. C'est une logique ouverte, horizontale et intégrative.

Il nous faut donc trouver une solide définition qui fasse le pendant à l'approche industrielle et permette aux deux approches de s'équilibrer.

Les statisticiens n'ont pas baissé les bras et ont défini des catégories plus détaillées :

* les services au producteur (services aux entreprises comme la comptabilité, le conseil, la publicité, l'informatique, la sécurité, ou certains services marchands comme la finance ou l'assurance). La demande de ces services interentreprises, dits « Business to Business » (B2B), a considérablement augmenté du fait de l'externalisation et de la sous-traitance d'activités auparavant gérées en interne. L'entreprise acheteuse retrouve un vrai rôle de client et ne dépend plus d'un fournisseur obligé dans l'entreprise, lorsqu'elle va sur un marché animé par la main invisible de la concurrence ;

* les services à la personne (services à domicile, hôtel, réparations, pressing, loisirs). La demande de ces services dits « Business to Consumer » (B2C) a tendance à se stabiliser. Là encore, on note une très grande variation entre les travailleurs du savoir ou les professions libérales, et les emplois peu qualifiés dans la restauration rapide, les parcs de loisirs ou la réparation automobile ;

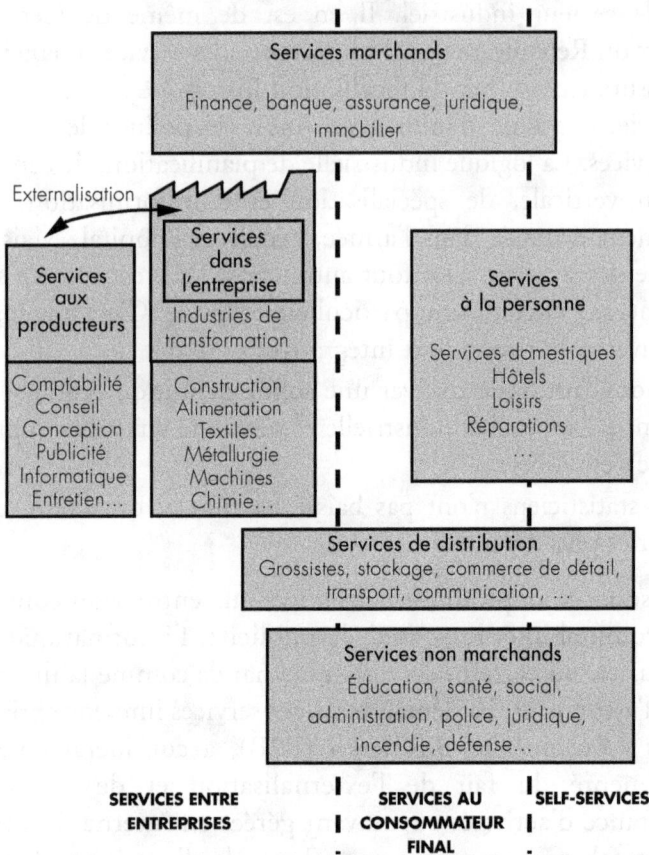

Figure 1.2 : Une classification plus détaillée des services

- les services de distribution. Cette catégorie regroupe logistique, communication ou commerce de gros ou de détail. Voici encore un entassement hétéroclite de professions ;
- les services non marchands. Même constat quand on considère la santé, le social, l'administration, la police, et ainsi de suite.

Cette classification améliorée ne permet pas de mieux comprendre la spécificité des services. La distinction entre secteur industriel et secteur des services reste vaine et artificielle. Passer de 3 à 5 ou 6 secteurs n'améliore pas beaucoup les choses. La statistique, c'est l'art de condenser, de regrouper des quantités d'information selon quelques indicateurs clés. Mais cette condensation extrême nie le client et la notion même de service comme nous allons tenter de le montrer.

Définition du service

Le meilleur moyen de comprendre la différence entre industrie et service est de prendre une approche chère aux comportementalistes, en mettant l'activité que l'on ne comprend pas dans une boîte noire et en regardant ce qui entre et ce qui sort.

Commençons par un produit manufacturé.

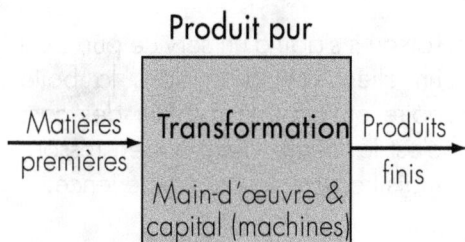

Produit pur

Matières premières → | Transformation / Main-d'œuvre & capital (machines) | → Produits finis

Lorsqu'il s'agit d'un produit pur, ce sont des matières premières qui entrent dans la boîte noire et il en ressort des produits finis. Par exemple, du minerai à l'entrée et de l'or à la sortie. De l'acier à l'entrée et des automobiles à la sortie.

Figure 1.3 : Principe de la boîte noire appliqué à l'industrie

19

Il entre des matières premières et il sort un produit fini, un minerai à l'entrée, de l'or à la sortie. Dans la boîte s'opère une formidable transformation régie par la division du travail et la standardisation, une transformation cadencée par des files d'attente et des stocks, et dopée par les économies d'échelle, selon une organisation historiquement fonctionnelle et verticale.

Mais qu'en est-il d'une prestation de service ? Qu'est-ce qui entre dans la boîte noire, qu'est-ce qui en sort ? Un client pardi !

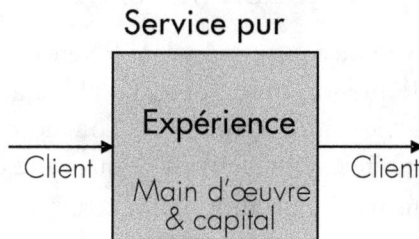

Service pur

Client → | **Expérience**
Main d'œuvre
& capital | → Client

Lorsqu'il s'agit d'un service pur, c'est un client qui entre dans la boîte noire et, dans le meilleur des cas, c'est le même client qui en ressort, mais transformé par l'expérience.

Figure 1.4 : Principe de la boîte noire appliqué au service

C'est un client qui entre dans la boîte et, dans le meilleur des cas, c'est le même client qui en ressort, mais transformé par l'expérience. Ainsi, la transformation porte sur le client. Le client, c'est d'abord la matière première, puis le produit de la transformation. Cette transformation résulte de l'interaction, de la relation entre le prestataire et le client.

Pour l'hôpital, on peut imaginer à l'entrée un patient présentant une condition médicale spécifique et des problèmes particuliers. Il en sort un patient guéri ou avec des problèmes différents.

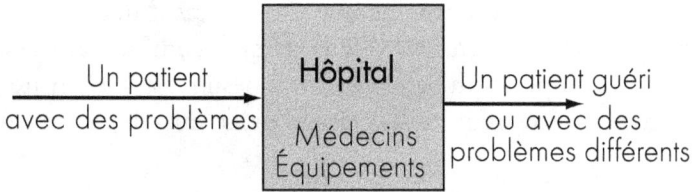

Figure 1.5 : Transformation du patient

À l'INSEAD, nous accueillons des participants qui ont ou cherchent des solutions, et il en sort des participants avec beaucoup plus de questions et d'interrogations. N'avoir que des solutions ou des réponses ne leur donne pas grand avenir dans un environnement de changements rapides.

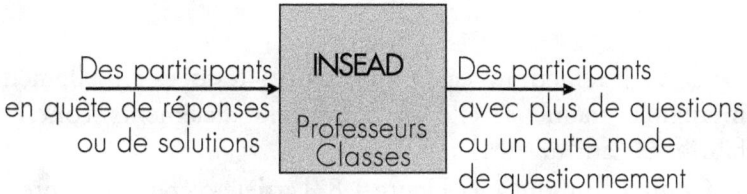

Figure 1.6 : Transformation du participant

Le rôle d'un leader, c'est de questionner les processus, de repérer les zones d'incertitude, d'anticiper les problèmes, de définir les priorités.

Une chambre d'hôtel doit avoir un effet positif sur le confort et le sommeil du voyageur, et un conseil juridique doit avoir une incidence bénéfique sur la responsabilité éventuelle et la tranquillité d'esprit de son client.

Un produit fabriqué est un objet tangible, un équipement, un bien durable, une chose que l'on peut toucher, mais le service, même s'il s'accompagne de produits fabriqués ailleurs, est essentiellement une prestation assurée par une personne pour une autre. Cette interaction intervient dans ce que j'appelle l'avant-scène. Selon le type de service, le niveau de contact peut être élevé et intense, comme dans le cas d'une consultation médicale, ou bien bref et sporadique, comme dans le cas d'une simple opération bancaire. Et, si besoin est, l'intensité de contact peut être réduite davantage grâce au téléphone ou à l'ordinateur.

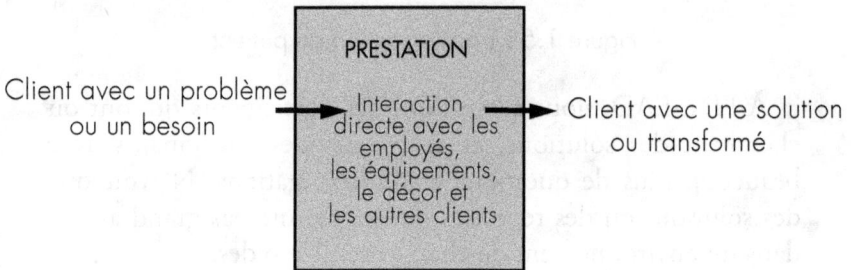

Figure 1.7 : Avant-scène

Cette interaction, cette expérience, reste essentiellement intangible même si elle s'accompagne d'éléments concrets fabriqués dans une arrière-scène.

Comme le montre la Figure 1.8, l'arrière-scène représente le lieu de la transformation physique en dehors de la présence du client. C'est une usine, un atelier, un centre de traitement de l'information.

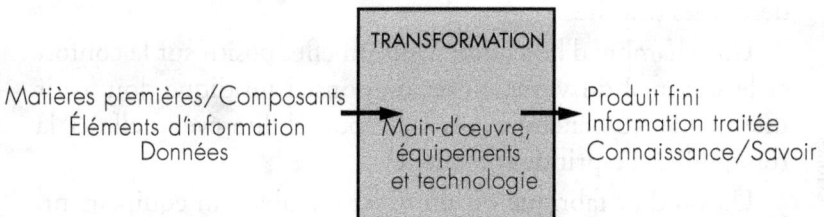

Figure 1.8 : Arrière-scène

Cette dichotomie avant/arrière permet de mettre en relief une nouvelle définition du service. Le service, c'est l'avant-scène, c'est tout ce qui est perçu ou visible par le client.

Quelle que soit l'activité considérée, dans un secteur ou dans un autre, nous observerons toujours la présence d'une avant-scène et d'une arrière-scène. C'est leur importance relative qui détermine si une activité est davantage une activité de service ou de production.

Ce qui signifie que nous sommes tous dans les services, plus ou moins.

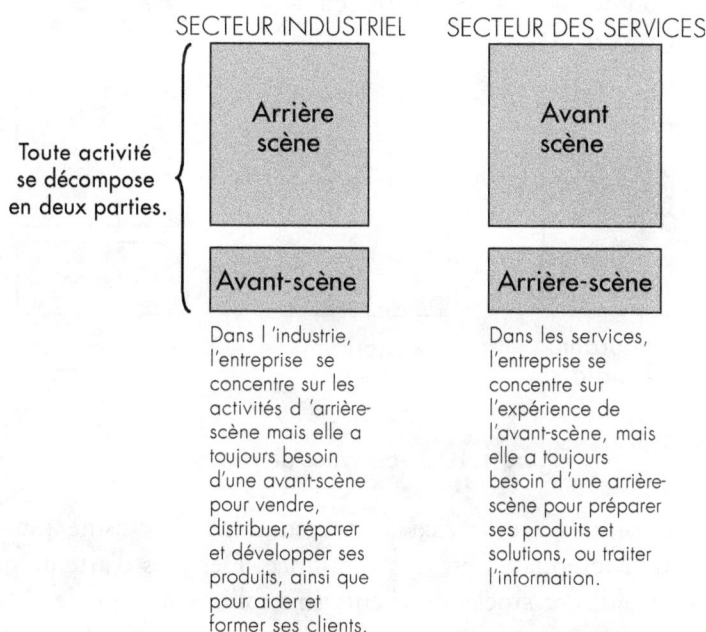

SECTEUR INDUSTRIEL   SECTEUR DES SERVICES

Toute activité se décompose en deux parties.

Arrière scène — Avant-scène

Dans l'industrie, l'entreprise se concentre sur les activités d'arrière-scène mais elle a toujours besoin d'une avant-scène pour vendre, distribuer, réparer et développer ses produits, ainsi que pour aider et former ses clients.

Avant scène — Arrière-scène

Dans les services, l'entreprise se concentre sur l'expérience de l'avant-scène, mais elle a toujours besoin d'une arrière-scène pour préparer ses produits et solutions, ou traiter l'information.

Figure 1.9 : Du secteur industriel au secteur des services

Cette idée selon laquelle tout système de production implique des activités qui se partagent entre l'avant-scène et l'arrière-scène a été avancée par Theodore Levitt[2] dès 1972 :

« Les industries de services, ça n'existe pas. Il y a seulement des industries dont la dimension service est plus ou moins importante que celle des autres. Tout le monde est dans les services. »

L'idée de Theodore Levitt n'a pas été développée davantage, mais son message conduit naturellement à définir les services comme des activités d'avant-scène.

Illustrons cette définition en regardant ce qui se passe dans un restaurant.

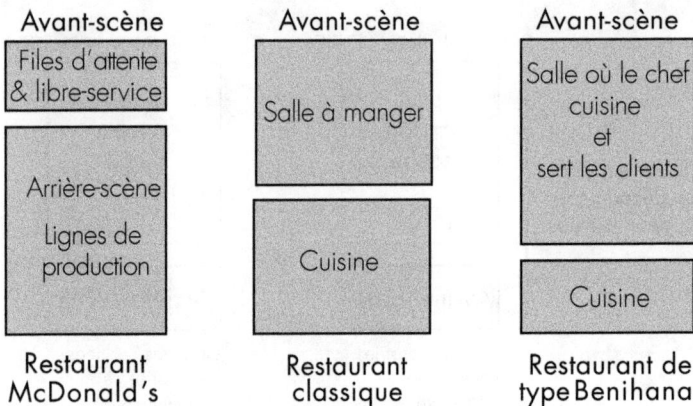

Figure 1.10 : Trois types de restaurants

La composante service d'un restaurant de cuisine rapide comme McDonald's est très simplifiée. Des files d'attente qui sont en fait des stocks de clients (n'oublions pas que le client représente notre matière première) et une salle très dépouillée en libre-service. Le service a été « industrialisé » par réduction et simplification de l'avant-scène au profit d'une production de masse dans l'arrière-scène sur des lignes de production classiques. Standardisation et spécialisation des tâches sont au rendez-vous pour réduire les coûts et générer des économies d'échelle.

24

Inversement, la composante service du restaurant gastronomique se déploie dans la salle où de nombreux acteurs s'affairent pour faire vivre au client une expérience unique.

À l'arrière, dans la cuisine, règne l'activité fébrile d'une organisation en atelier. Le chef qui se tient dans un coin ne fait rien d'autre que régler le flux des commandes et l'ordonnancement de la production. Flexibilité oblige !

Ainsi apparaît le conflit fondamental entre deux mondes séparés par des logiques différentes : à l'avant, personnalisation et intégration de la prestation ; à l'arrière, standardisation, division du travail, planification pour une meilleure productivité et utilisation des moyens. Deux mondes qui se détestent souvent mais qui doivent travailler ensemble.

Alors, une troisième option est possible. Faire passer le chef et la cuisine vers l'avant.

C'est le cas, par exemple, de la chaîne de restaurants « Benihana of Tokyo ». La présence du chef dans la salle enrichit l'expérience de service. Le chef cuisine, sert, fait le spectacle, communique avec les clients et les divertit. Et voilà le conflit avant-scène/arrière-scène réglé par là même car c'est la même personne qui fabrique le produit et délivre le service.

L'exemple du restaurant peut servir de modèle à toute autre activité de service.

Considérons par exemple les banques ou les assurances. L'arrière-scène peut être assimilée à une usine qui traite et transforme de l'information, un type particulier de matière première, des bits d'information et non plus des composants physiques et des molécules.

Bien sûr, au début de l'histoire des cols blancs, nos fameux « ronds de cuir » enregistrent, traitent, entassent, copient ou classent péniblement cette information sur des supports physiques, des grands livres ou dans des dossiers volumineux. Ce travail se mécanise lorsqu'ils émigrent vers de grandes tours équipées de machines à écrire et de photocopieurs.

Mais avec la révolution numérique et l'explosion des télé-communications, revoilà nos cols blancs sous les projecteurs.

L'information est désormais plus facile à traiter. Les mots, la voix, la musique, les données, les films, les fichiers et les photographies sont convertis en bits et peuvent être rapidement modifiés, transformés, découpés, écrasés, chargés, téléchargés, édités. L'information est facile à stocker dans des banques de données. Elle est facile à enrichir, à personnaliser et à transformer en connaissance et savoir. Elle est facile à distribuer et le coût de transfert chute vertigineusement, ce qui engendre bien des difficultés de propriété, de protection et de droits d'auteur.

Selon notre définition, les cols blancs et les cols bleus appartiennent au même monde de l'arrière-scène. Il va donc arriver aux cols blancs ce qui est arrivé aux cols bleus. Les grandes tours blanches et étincelantes vont se vider. À partir du moment où les tâches vont se standardiser, elles vont pouvoir être délocalisées, automatisées ou transférées sur le Web.

Les nouveaux modes de production juste-à-temps de Toyota ou les méthodes de gestion des chaînes d'approvisionnement vont se retrouver dans les logiques de re-engineering et d'automatisation des processus transversaux de traitement de l'information, les fameux « business processes ».

La révolution digitale est en route massivement, globalement, et l'éclatement de la bulle Internet n'a constitué qu'un accident de parcours.

Ce fut la grande chance d'IBM qui, après avoir raté la vague du logiciel, a compris qu'il fallait surfer sur la vague des services. Lou Gertsner a transformé IBM en une énorme société de services et ses professionnels d'avant-scène vont dans les entreprises clientes réorganiser et automatiser leurs processus transversaux et leur « back-office ». IBM est devenue une société de conseil qui vend aussi des ordinateurs quand l'occasion se présente.

Que vont devenir nos cols blancs qui voient leurs emplois délocalisés vers des pays à faible coût de main-d'œuvre, remplacés par des microprocesseurs ou occupés par le client lui-même qui fait le travail sur le Web ?

Ils vont devoir apporter une petite étincelle de créativité, de flexibilité et de personnalisation, un plus qui fera la différence pour le client final.

L'avenir des cols bleus passe par la flexibilité des moyens de production, la personnalisation de masse, le fameux « mass customization ». Il en sera de même pour les cols blancs.

Heureusement, il nous reste la partie service dans l'avant-scène. La banque ou l'assurance vont développer des relations plus ou moins personnalisées selon les attentes du client et, en simplifiant beaucoup, on peut voir apparaître, comme dans le restaurant, trois grands modes de distribution.

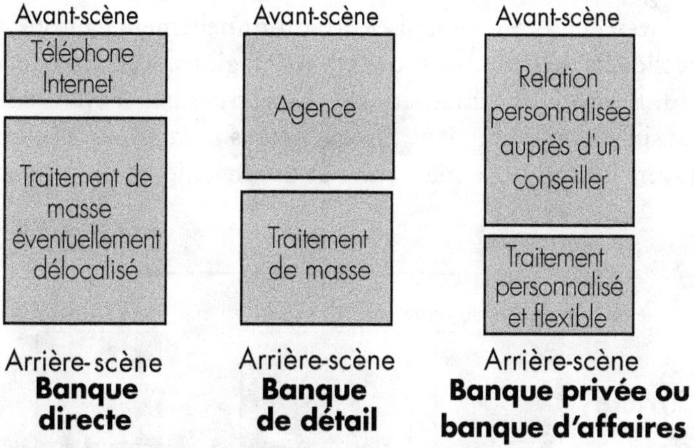

Figure 1.11 : Trois modes de distribution

Ainsi, la banque et l'assurance directes tentent d'industrialiser leurs services en transférant la masse des activités vers l'arrière pour obtenir des économies d'échelle. Mais, surtout, elles font travailler le client à son domicile, sur son propre ordinateur pour réduire au maximum le coût d'interaction.

Dans l'agence, le client peut évoluer d'une interaction automatisée sur une machine, à une relation plus personnalisée à condition qu'il accepte de faire la queue ou de prendre rendez-vous.

Enfin, dans la banque privée ou la banque d'affaires, la qualité de l'interaction à l'avant auprès d'un conseiller ou d'un expert exige une grande flexibilité des systèmes de traitement à l'arrière.

Les entreprises du secteur industriel sont dans les services comme les autres, mais elles vont développer l'interaction avec le client essentiellement pour se différencier et ne plus vendre simplement un produit, mais une solution.

Considérons l'entreprise APEX[3] qui fournit des systèmes de freinage aux assembleurs automobiles. La partie production de l'arrière-scène s'est organisée traditionnellement autour de l'excellence des produits dans trois régions, l'Amérique du Nord, l'Europe et l'international. Des structures d'avant-scène assez simples permettaient de toucher les marchés et les clients à travers les ventes, le marketing et des ingénieurs de liaison.

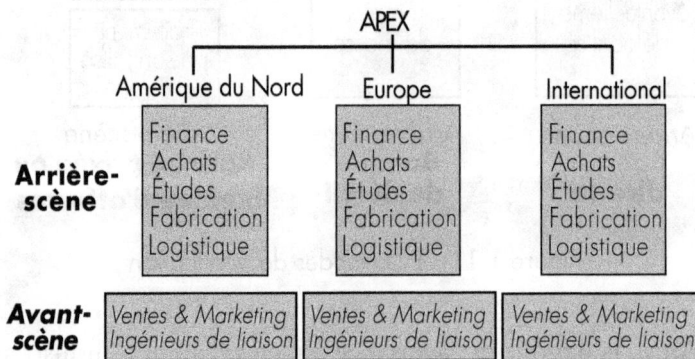

Figure 1.12 : Précédente organisation

Mais l'entreprise a dû développer sa partie service sous la pression des clients qui recherchaient une meilleure interaction et des solutions plus personnalisées. Comme on peut le voir sur la Figure 1.13, l'avant-scène a gagné en importance afin de mieux servir les marchés mondiaux à travers des directeurs d'activités et de programmes.

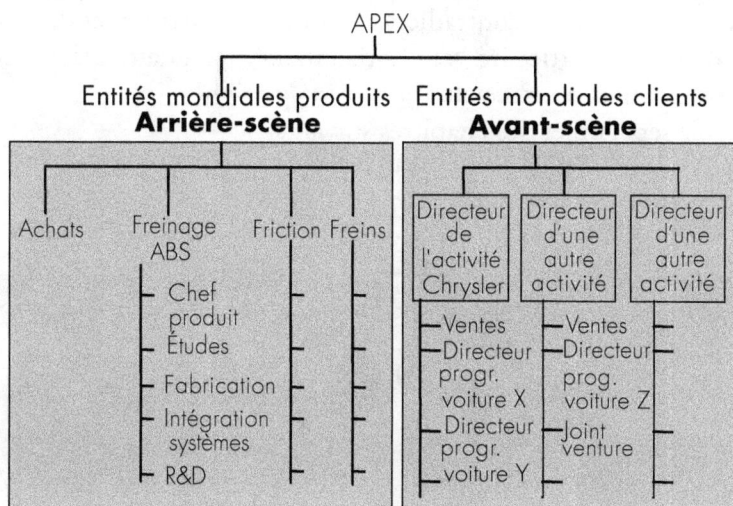

Figure 1.13 : Nouvelle organisation

Ainsi, nous sommes tous dans les services plus ou moins, mais nous le serons davantage dans les années à venir au fur et à mesure que l'orientation client se fera plus pressante et plus présente.

Nous aurions pu tout aussi bien dire que nous sommes tous dans la production, plus ou moins, mais nous le serons de moins en moins au fur et à mesure que tout ce qui peut se standardiser va s'automatiser, s'informatiser, s'exporter sur le Web ou s'externaliser vers des pays à faible coût de main-d'œuvre.

Pour obtenir une définition bien claire, nous avons opposé, d'une façon très dichotomique, le monde des services en avant-scène au monde de la production à l'arrière.

Mais ces deux mondes communiquent et doivent s'aligner l'un sur l'autre. L'essentiel est de jouer de l'importance de l'avant-scène et de l'arrière-scène selon les besoins, et de comprendre comment les coordonner et les synchroniser, comment gérer les contradictions entre centralisation et décentralisation, verticalité et horizontalité, standardisation et personnalisation, spécialisation et intégration.

Ce sera l'objet des chapitres suivants.

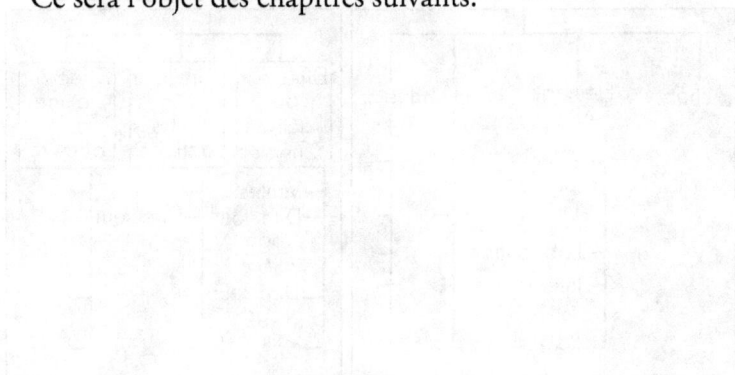

Chapitre 2

Le service :
l'expérience d'avant-scène

Selon notre définition du service, toute activité économique conjugue avant-scène et arrière-scène, salle et cuisine en nous référant à l'exemple prototype du restaurant.

Le client expérimente l'avant-scène tandis que l'arrière-scène opère la transformation « produit », physique ou digitale. Ce qui définit l'avant-scène, c'est ce que voit le client, ce qu'il perçoit. Et, bien souvent, nous nous passerions volontiers de ce coup de projecteur impitoyable.

Au guichet, l'employé répond à une demande de service et réalise la transaction face au client. Si le service ne peut pas être réalisé sur le champ, la demande est enregistrée et transmise à l'arrière. Alors, la transaction devient objet sur une chaîne de traitement d'un poste à l'autre, avec des files d'attente et des stockages intermédiaires, comme à l'usine.

Sur le vol Paris-New York, le passager est dans l'avion, il consomme le voyage en même temps que la compagnie aérienne le produit, et toute idée de séparation entre le processus

31

de production et la consommation n'a pas de sens. En para-phrasant la fameuse expression de McLuhan « le médium, c'est le message », je dirais « le processus, c'est le produit ».

Étant donné que le passager est directement impliqué dans le processus de production avant, pendant et après le trajet, de nombreuses interactions interviennent : visite à l'agence de voyages, réservations par téléphone, enregistrement, conversations avec les hôtesses, récupération des bagages… Chacun de ces contacts est un « moment de vérité ». Mais il faut également noter qu'à l'aéroport comme dans l'avion, le passager n'a que vaguement conscience de tous les systèmes de support mis en œuvre dans l'arrière-scène, tels que la manutention des bagages, l'entretien des avions, le contrôle du trafic aérien ou la préparation des repas.

Interaction à l'avant ou transformation physique à l'arrière, c'est le poids respectif de ces deux éléments qui fait que l'aspect service est plus ou moins prononcé. Cette distinction est primordiale, car gérer une interaction directe et gérer une transformation physique ou traiter de l'information, sont deux choses très différentes.

Commençons par vérifier l'intérêt de notre définition en examinant différents secteurs d'activités (voir Figure 2.1).

La composante service dans différents secteurs d'activité

Commençons par des *biens relativement « purs »*, des matières premières, des produits de base, des biens de grande consommation. Cette catégorie regroupe les produits comme l'acier, le papier, le verre, l'aluminium, les produits agricoles et chimiques, ou encore des biens conditionnés tels que les produits alimentaires, le savon ou le dentifrice, vendus en grandes surfaces ou dans des distributeurs automatiques. La partie interactive du service, c'est-à-dire principalement la vente et le

Aspect production   **Aspect service**
Activités d'arrière-scène   Activités d'avant-scène

Excellence des prod. et économies d'échelle	Solution	Matières de base et biens de grande consommation
Secteur industriel		Biens durables à forte intensité de service
Secteur des services	Industriali-sation	Services à forte teneur en biens ou en information
	Expérience	Services relativement purs

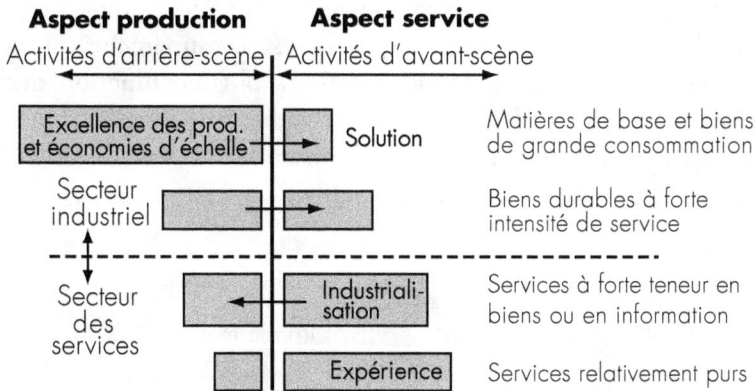

Figure 2.1 : Importance de la composante service
selon les secteurs économiques

marketing, reste relativement limitée, et ces transactions simples sont dominées par le facteur prix.

Pour un fournisseur de gaz tel que Air Liquide ou Air Products, le prix est le principal facteur de différenciation car apparemment rien ne ressemble plus à une molécule de gaz qu'une autre molécule ! Ainsi, lorsqu'une activité est axée sur le produit, la stratégie la plus logique est de se battre sur les prix donc de réduire les coûts, par une production de masse et les économies d'échelle qui s'ensuivent. Il est donc essentiel d'occuper la première ou la deuxième position en parts de marché pour développer un avantage de coût.

Une autre approche consiste à se tourner vers le client et lui fournir non plus un simple produit ou des mètres cubes de gaz, mais une solution ou un résultat. Pour ce faire, le fournisseur doit savoir comment son client crée de la valeur et lui apporter les produits et les services qui conviennent à chaque étape de son cycle de valeur. Si le client est un pisciculteur, par exemple, Air Liquide peut lui proposer toute une variété de services à différents moments de son cycle de création de valeur. Faut-il protéger les jeunes poissons ? Air Liquide fournit de l'ozone mais aussi des conseils, l'équipement ou la formation. Le prix du service s'établira plus en fonction des résultats perçus par le pisciculteur (nombre de poissons congelés) que du prix des matières premières (azote liquide utilisé dans le tunnel de congélation) (Figure 2.2).

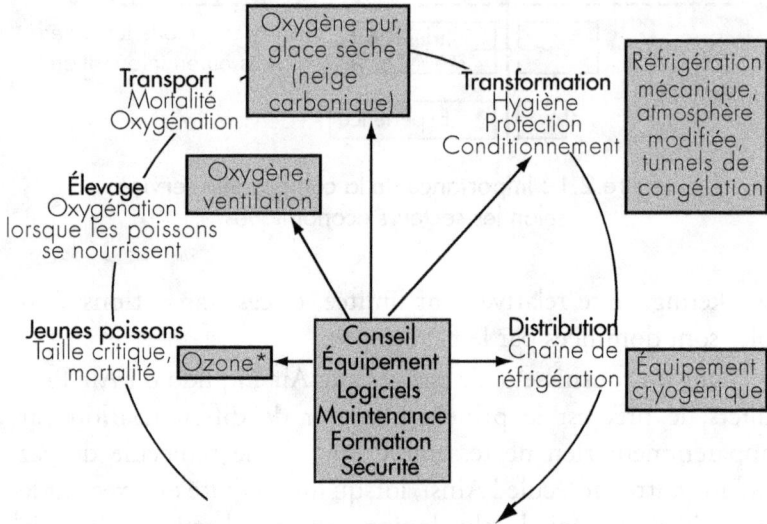

* *Le taux d'oxydation très élevé de l'ozone peut tuer les microorganismes lors du traitement de l'eau.*

Figure 2.2 : Cycle de valeur d'un pisciculteur

La catégorie suivante est celle des *biens de consommation durables* tels que les voitures, les appareils électriques ou les ordinateurs. Les services y jouent un rôle essentiel, d'une part pour développer la relation avec le client (en lui fournissant des services spécifiques tels qu'un guide d'utilisation compréhensible ou un conseil téléphonique), et d'autre part pour le suivi et l'entretien du produit. Les équipements ou les machines très élaborés tels que des robots nécessitent une relation particulièrement suivie avec l'utilisateur, qu'il s'agisse de logistique, de distribution, de conseil ou de maintenance. Cette relation peut déboucher sur un partenariat durable.

Lorsqu'une banque achète 500 ordinateurs personnels, par exemple, elle achète un système prêt à fonctionner et non toute une série de produits. Elle demande au fournisseur d'assurer l'intégration des systèmes (conseil, logiciels et formation). Ce fournisseur doit développer son avant-scène pour prendre en charge une partie du travail du client et renforcer sa présence auprès de lui.

Prenons l'exemple de la distribution d'automobiles. En simplifiant beaucoup, nous pouvons observer deux étapes successives : l'expérience de la vente (la satisfaction lors de l'achat du véhicule) et l'expérience du service après-vente (figure 2.3).

Observons les résultats positifs et négatifs de la satisfaction client. Même si Toyota livre une bonne voiture et si la vente se fait dans de bonnes conditions, il peut perdre 50 points de fidélisation de ses clients si le concessionnaire ne travaille pas correctement en après-vente. À l'inverse, le concessionnaire peut aider Toyota à récupérer les clients qui n'ont pas été satisfaits de leur voiture lors de la vente. Ce simple diagramme permet de mettre en relief l'importance du service dans cette activité industrielle. Dans un monde de plus en plus banalisé, conforme et uniforme, la nouveauté ou une différence de prix peut donner un avantage, mais le service peut faire la différence. Selon la formule consacrée : « La performance avantage, mais le service fait gagner. »

Sous la ligne pointillée qui est censée faire la différence entre le secteur industriel et le secteur des services (Figure 2.1), apparaissent deux autres sous-secteurs : les *services à forte teneur en biens et en information* (restaurants, hôtels, banques…) et les *services relativement purs* (coiffeur, conseil juridique…).

35

Satisfaction quant à l'expérience de la vente	Satisfaction quant à l'expérience du service	Probabilité que le client rachètera une voiture de la même marque, Toyota par exemple	Probabilité que le client restera fidèle au même concessionnaire
		90%	95%
		40%	15%
		75%	45%
		35%	5%

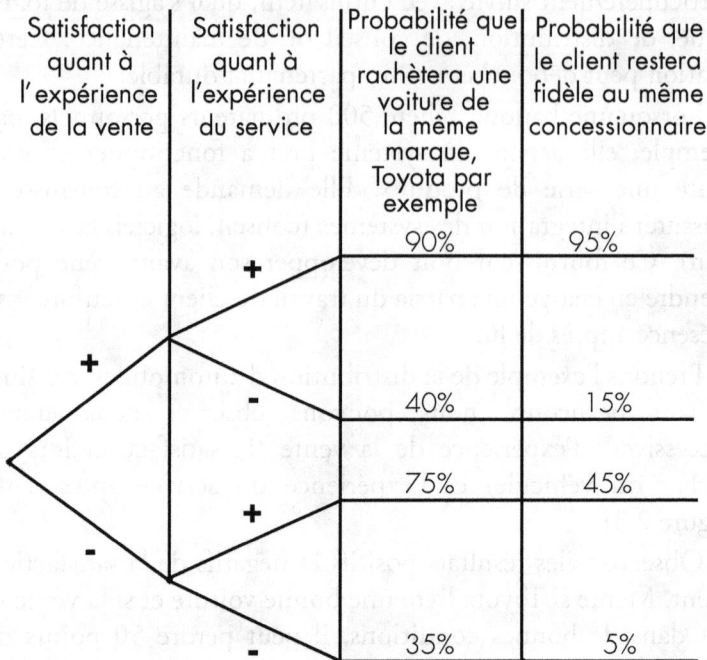

Figure 2.3 : La performance avantage, mais le service gagne

Pour la première catégorie, revenons à l'exemple de la banque. L'importance donnée au service, donc à l'avant-scène, dépendra des attentes du client lors de l'interaction. Dans certains cas, le client peut rechercher une aide et désirer une relation suivie avec le même conseiller. Dans d'autres cas, ce même client peut ne voir aucun intérêt à une relation personnalisée. Une interaction sur Internet ou à un guichet automatique peut lui convenir tout à fait lorsqu'il s'agit d'une simple transaction. Il sait à quoi s'attendre et la machine peut s'avérer fort patiente, polie et parler sa propre langue s'il s'aventure à l'étranger.

Dans ce dernier cas, la banque et le client sont tous les deux gagnants. La transaction est transférée à l'arrière et traitée « industriellement ». Les économies d'échelle permettent de réduire les coûts. Mieux encore, n'oublions pas que le client fait le travail et coproduit le service. Il est prêt à le faire car sa valeur perçue s'enrichit d'un gain de temps ou de déplacement et d'une disponibilité du service 24 heures sur 24. Plus de service, moins de service, c'est le client qui décide et choisit son mode d'interaction.

Finalement, la dernière catégorie concerne les services relativement « purs » : coiffeurs, conseils, cabinets juridiques, médecins, divertissements et spectacles. Ils requièrent beaucoup de main-d'œuvre et présentent peu de perspectives de gains de productivité car il est difficile de réduire la durée du contact. On peut difficilement dire à un coiffeur de couper plus vite ou à un professeur d'accélérer son débit ! La solution est encore ici d'essayer d'automatiser ou d'informatiser une partie de l'activité. IBM éducation, par exemple, a transféré plus de 60 % de son activité sur le Web.

On peut ainsi oublier la ligne pointillée qui sépare le secteur industriel du secteur des services. Par contre, il faut clairement surligner la ligne qui sépare les activités d'avant-scène, activités visibles par le client, des activités de production de l'arrière.

Ce faisant, j'espère pouvoir conclure avec mon lecteur : « Nous sommes tous dans les services, plus ou moins. »

Dans la même ligne de pensée, William J. Baumol[1] (1985) distingue trois catégories de services :

* *les services stagnants* (santé, éducation, services à la personne), où il est difficile de gagner en productivité car la qualité est étroitement liée à la durée du contact avec le client. Dans ces domaines, les technologies permettent d'améliorer la qualité du service rendu et la valeur ajoutée, mais pas la productivité ;

37

- *les services évolutifs* (services de communication, Internet), où il est possible de standardiser ou d'automatiser le contact entre le client et le fournisseur, ce qui permet un accroissement important de la productivité et une forte pénétration des technologies les plus modernes ;
- *les services en phase de stagnation* (télévision, radio et services informatiques), où la productivité, après une croissance spectaculaire liée à l'automatisation du support et des activités d'arrière-scène, diminue progressivement au fur et à mesure qu'augmente le volume d'interactions à forte teneur en main-d'œuvre.

Avant-scène et arrière-scène : deux mondes bien différents

Afin de démontrer la pertinence de notre définition des services, nous allons contraster les activités d'avant-scène et d'arrière-scène, contraste un peu forcé pour les besoins de la cause.

Excellence du produit et économies d'échelle dans l'arrière-scène

Le tangible

Qu'il s'agisse de transformation des matières premières en produits finis ou du traitement des données, le résultat est concret, mesurable, spécifique. On peut posséder le produit, estimer son coût assez facilement et éventuellement le protéger par un brevet.

La division du travail et la standardisation

Depuis Adam Smith, nous savons que la révolution industrielle est fondée sur deux concepts simples : la division du travail ou la spécialisation et la standardisation.

La standardisation est la meilleure et la pire des choses. Lorsque le « fait main », le côté artisanal disparaît, nous glissons dans l'uniformisation et la banalisation. Et à partir du moment où une activité se spécialise et se standardise, elle peut s'automatiser et s'exporter. Des produits similaires, d'une qualité similaire, vont être fabriqués dans des pays à faible coût de main-d'œuvre, qu'il s'agisse de téléphones, de logiciels ou de travaux comptables.

Le client est absent

Spécialisation oblige, dans chaque département, dans chaque unité, chacun se concentre sur ses objectifs, ses normes, ses coûts. Dans un monde vertical de la spécialisation en silos, dans des organisations fonctionnelles, la communication horizontale est difficile et le client final est loin et abstrait.

Les économies d'échelle

Sites de plus en plus vastes, longues chaînes de production, cadences infernales. Les images abondent mais on peut tout aussi bien imaginer l'énormité des processus de traitement de l'information lorsque EDF ou France Télécom éditent leurs millions de factures. Cependant, comme nous le verrons dans les prochains chapitres, l'impératif de flexibilité provenant de la demande client à l'avant se rajoute maintenant à l'impératif de productivité.

La « mass customization » ou personnalisation de masse demande simultanément productivité ET flexibilité.

Les stocks

Les stocks de matières premières, d'en-cours ou de produits finis sont le résultat de la division du travail. N'oublions pas que le stock est le symptôme d'un problème, d'un déséquilibre des flux, ou d'une incertitude non maîtrisée. Il constitue également un tampon utile permettant de lisser la production, y compris à l'âge du stock zéro et du juste-à-temps.

La conformité ou le zéro défaut

La standardisation a pour objet de définir clairement les limites acceptables, ou tolérances, pour chaque caractéristique du produit. Le respect de ces spécifications est vérifié à toutes les étapes de la transformation, depuis le contrôle des matières premières jusqu'au test final. L'objectif final est le zéro défaut – autrement dit, aucun produit ne doit se trouver en deçà ou au-delà des tolérances spécifiées. Cela ne signifie donc pas la perfection. Il s'agit de rester dans des limites données. Mais pour obtenir des caractéristiques aussi constantes que possible et réduire les risques d'erreur, il faut resserrer au maximum les limites de tolérance. La variation devient l'ennemi numéro un. Le « Six Sigma » dont nous reparlerons plus tard règne en maître.

Reprise et réparation

Si le produit présente un défaut, il est refait ou réparé, mais cette opération est totalement invisible pour le client.

Centralisation et globalisation

Les sites de production sont installés dans des zones industrielles présentant des avantages logistiques, de main-d'œuvre ou de coût d'installation, mais par là même éloignées du client final. Bien sûr, les logiques actuelles de partenariat vont vers le rapprochement du client mais c'est un mouvement récent, liant les entreprises industrielles entre elles.

Solutions et expérience du client sur l'avant-scène

L'intangibilité

Les services sont essentiellement *immatériels* puisqu'ils sont produits et consommés simultanément. Ils ne peuvent être présentés, possédés ou achetés de la même manière qu'un bien matériel, ni même protégés par le dépôt d'un brevet.

L'une des méthodes utilisées pour rendre l'interaction plus tangible consiste à la transformer en une expérience mémorable et originale. Une épicerie devient beaucoup plus attirante grâce au décor, à l'ambiance et aux odeurs.

La personnalisation et l'intégration de l'expérience

La présence du client à l'intérieur du système de délivrance génère une source d'incertitude considérable car les employés sont directement en contact avec des personnes dont le comportement n'est pas toujours prévisible. Loin d'être passifs, les clients sont des « matières premières » hautement réactives qu'il est particulièrement difficile de maîtriser. Ils peuvent changer d'avis à tout instant, voire même au moment précis où le service est exécuté. Il suffit de songer aux différents termes utilisés pour désigner les clients pour voir à quel point leurs rôles sont variés : usager, utilisateur, abonné, bénéficiaire, spectateur, contribuable, numéro, patient, invité, visiteur. La standardisation est de ce fait difficile, sinon impossible. Chaque client est unique ; chaque rencontre est unique.

Alors qu'en est-il de la division du travail ? Le client préfère assurément s'adresser au même interlocuteur pendant toute la durée de l'interaction. Il veut avoir affaire au même professionnel dans sa banque et éventuellement développer avec lui une relation à long terme. Il déteste faire la queue à plusieurs guichets pour effectuer une transaction. De même, il évite de faire appel à plusieurs avocats pour traiter les différents aspects d'une affaire. Il veut effectuer ses achats en un seul point. En un mot, le client recherche l'intégration de l'expérience.

La coproduction

Les clients font partie intégrante de la prestation et jouent par conséquent un rôle majeur. Ce rôle peut être de routine pure ou exiger un effort particulier, comme fournir des informations qui aideront à établir un diagnostic médical ou participer à la recherche d'une solution. Les clients guident et contrôlent le prestataire de services et peuvent même intervenir avant ou après le contact, comme des étudiants qui préparent leurs cours à l'avance et ont ensuite des exercices à faire. Ainsi, loin d'être des « objets » soumis à un processus de transformation aveugle, les clients peuvent contribuer à améliorer la conception du service et la manière dont il est fourni. Leur *participation* est certes une source d'incertitude, mais elle est également indispensable pour améliorer l'efficacité de la prestation. À cet égard, les clients peuvent être considérés comme des employés à temps partiel ou des *coproducteurs.*

Économie d'élargissement ou de gamme

La notion d'économie d'échelle s'applique difficilement ici. Le traitement de lots de clients, comme dans le transport aérien ou l'enseignement, conduit à un traitement standardisé de masse. Et lorsque j'ai une centaine d'étudiants dans ma classe, j'accepte difficilement de répondre aux questions et de trop personnaliser mon enseignement, ce qui n'est pas le cas avec les étudiants en doctorat.

Une approche plus intéressante consiste à élargir l'offre. Le coiffeur va vendre des produits de soin liés à la coupe et le garagiste va faire le tour de votre voiture. C'est la notion de service complet. Le client satisfait n'hésitera pas à compléter les services dont il a besoin auprès du même fournisseur.

L'ajustement de l'offre à la demande

Le service ne peut être ni possédé, ni accumulé. Il est consommé au moment même où il est produit. En dehors de la prestation, il n'existe pas. Les services ne peuvent donc être stockés ou amassés. Il est par exemple impossible de garder en stock un spectacle ou le vol à destination de Rome de la semaine précédente. Les services non consommés sont définitivement perdus. Lorsque la demande est supérieure à la capacité, le client est soit « stocké » dans une file d'attente, soit perdu. À l'inverse, si la capacité est supérieure à la demande, une partie de la capacité reste inutilisée (lits d'hôpital inoccupés, chambres vacantes dans les hôtels ou personnel excédentaire). Il est par conséquent essentiel d'optimiser l'utilisation de la capacité en fonction de la demande.

La qualité et le zéro défection

Dans la mesure où le service est une prestation unique en présence du client, il doit être *réussi d'emblée,* à l'instant même où il est produit. Contrairement à ce qui se passe à l'arrière, il est difficile d'améliorer ou de rectifier un service dès lors qu'il a été fourni. La prestation ne peut être contrôlée, ni corrigée sans que le client le sache.

Il est également difficile de savoir comment le client ressent l'expérience pendant l'interaction ; sa perception est immédiate, subjective et qualitative. Si quelque chose se passe mal pendant la prestation, le client doit être « réparé » ou « récupéré » le plus vite possible au risque de le perdre. Ainsi, si l'objectif de l'arrière-scène est le zéro défaut, celui de l'avant-scène est le *zéro défection.*

En fait, chaque « moment de vérité » est composé de multiples interactions avec les employés, avec les autres clients et avec le processus même de délivrance du service. Les clients intègrent l'ensemble de ces interactions et ont une vision globale du service. Chaque fois qu'un élément de l'interaction correspond à ce qu'ils attendent, ils créditent leur « compte satisfaction » et, à l'inverse, ils le débitent chaque fois qu'ils sont déçus. Malheureusement, un débit vaut plusieurs crédits et un seul débit peut parfois anéantir l'ensemble de l'expérience.

Comme l'a écrit Jan Carlzon dans *Moments of Truth*[2] :

« L'année dernière, chacun de nos 10 millions de clients a été en contact avec environ 5 membres du personnel de Scandinavian Airlines et chaque contact a duré en moyenne 15 secondes. Ainsi, Scandinavian Airlines est "imaginé" dans l'esprit de nos clients 50 millions de fois par an et pendant 15 secondes chaque fois. Ce sont ces 50 millions de "moments de vérité" qui déterminent si Scandinavian Airlines gagne ou perd. »

Proximité des clients

Les services étant consommés en même temps qu'ils sont produits, l'avant-scène doit se trouver à proximité des clients. C'est particulièrement vrai pour les hôtels, les restaurants et les magasins dont l'emplacement constitue un facteur de réussite déterminant. Les services n'ont pas de réseaux de distribution : ils sont produits et distribués à travers des réseaux d'entités décentralisées telles que des filiales, des agences ou des chaînes de restaurants ou de magasins. La facilité d'accès et l'emplacement jouent toutefois un rôle moins important lorsque la présence physique du client n'est plus nécessaire, qu'il s'agisse d'un centre d'appel téléphonique ou de communication en ligne sur le Web.

De la commercialisation d'un produit à la délivrance d'un service

Le marketing mix

Le marketing mix classique dit des quatre P (Produit, Prix, Promotion et emPlacement – pour *Place* en anglais) repose sur la communication de masse du produit et une promotion assez uniformisée, à un prix déterminé, auprès de clients considérés davantage comme des unités statistiques d'un segment ciblé, que comme des individus ayant besoin d'un traitement personnalisé.

Dans une économie dominée par le produit, les relations entre producteurs et consommateurs sont globalement « transactionnelles ». Elles relèvent de professionnels de la vente dont on attend qu'ils vendent du volume. Mais dans une économie saturée en produits similaires, de qualité semblable, le marketing évolue vers une approche plus relationnelle en cherchant à établir des liens plus durables et intimes entre l'entreprise et ses clients.

Ceci est d'autant plus vrai que l'entreprise vend du service, donc de l'immatériel.

Le service mix

Certes, l'un des objectifs du marketing est de faire connaître l'existence d'un produit aux consommateurs, puis de les convaincre de l'acheter. Cependant, le marketing mix classique, dit des quatre P, utilisé pour promouvoir des biens tangibles doit s'élargir quand il s'agit de biens immatériels.

Tout d'abord, la *Promotion* de biens tangibles à l'aide des médias habituels est moins efficace que le bouche-à-oreille des clients qui ont expérimenté le service. Puis n'oublions pas que l'emPlacement de la prestation est également le lieu de production. Ensuite, en ce qui concerne le *Prix*, il faut basculer d'une notion de coût qui s'attache facilement à un produit tangible, à une notion de valeur, de résultat perçu. Enfin, il faut rappeler que la prestation ne s'arrête pas au *Produit*, au résultat attendu. Elle englobe également le Processus de délivrance du service et l'interaction avec le Personnel. Ces deux P (Processus, Personnel) sont indissolublement liés à la prestation. Ils constituent souvent des indices essentiels pour rassurer le client. Ce garagiste est aimable, nettoie ma voiture et me remet une facture dont le montant est inférieur à l'estimation : il a donc dû faire un bon travail.

Ainsi, il faut ajouter deux nouveaux P au marketing mix : *Processus de délivrance* et *Participants* (employés et clients). Ces six P forment le service mix.

Le marketing vise non seulement à attirer de nouveaux clients, mais aussi à encourager les clients existants à rester fidèles et, si possible, devenir des défenseurs enthousiastes de la marque par le développement de l'aspect relationnel.

L'importance de la relation client est souvent ignorée ou sous-estimée. Le rôle d'un employé de l'avant-scène ne se borne pas à vendre des produits. Il vend en fait une relation, une expérience. Les clients apprécient d'avoir affaire à des systèmes qu'ils connaissent et à des visages familiers. En renforçant les contacts personnels et en tenant compte des besoins spécifiques des clients, il est possible de créer de solides barrières d'entrée et justifier des prix plus élevés.

Le triangle des services

Le marketing devient ainsi une fonction intégrée : le personnel en contact avec le client devient en quelque sorte un agent marketing à temps partiel. Cette rencontre entre les clients et le personnel lors de l'interaction est représentée sur le triangle des services (voir Figure 2.4) : au sommet se trouve l'entreprise, tandis que les clients et les employés sont placés sur le même niveau. Le personnel fournit, contrôle et commercialise le service. Les clients coproduisent, contrôlent et parfois même vendent le service par le bouche-à-oreille.

Il est clair que le succès d'une société de services dépend de sa capacité à développer une relation satisfaisante avec chacun de ses clients et à exploiter le service mix. Ce faisant, non seulement elle fidélisera sa clientèle, mais elle lui vendra également d'autres services. Elle sera ainsi en mesure d'accroître ses revenus et de réduire ses coûts. Cette réduction s'obtiendra, soit par ce que nous appellerons des *économies d'élargissement,* en vendant au même client une gamme de services plus étendue, soit par des *économies de relation,* lorsqu'il est possible de réduire les coûts en vendant régulièrement au même client.

Le triangle des services met bien en valeur le rôle primordial joué par le personnel pour la promotion et la délivrance du

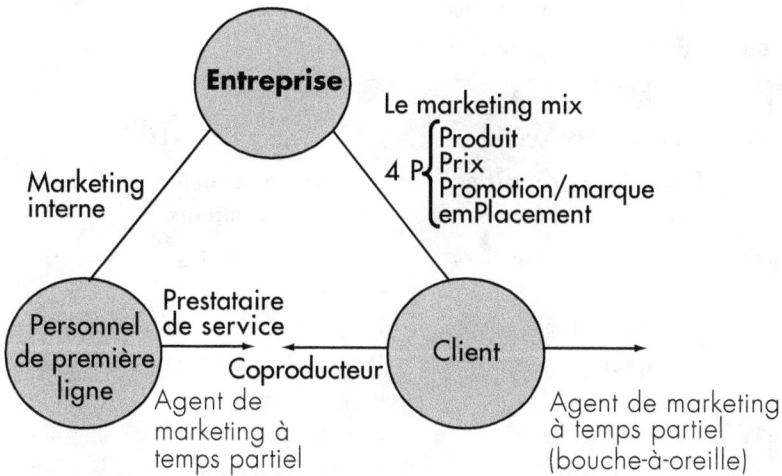

Le service mix : 6 P = 4 P + Processus + Personnes

Figure 2.4 : Le triangle des services

service. Sur le terrain de football, les joueurs sont les maîtres du jeu. Il est donc essentiel qu'ils comprennent parfaitement leur rôle et soient disposés à agir dans le sens qui convient au club. Avant de mettre en place le marketing externe et de vanter les qualités du service, il faut vendre le service à ceux qui le fourniront : c'est le marketing interne. Il est impératif que toute campagne de communication sur un nouveau service vise autant le personnel (les clients internes) que les clients externes. Ce marketing interne doit faire l'objet d'efforts comparables à ceux déployés pour la vente des produits dans les réseaux de distribution.

Résumons la comparaison avant-scène et arrière-scène sur le tableau suivant (Figure 2.5).

Produits « purs » en arrière-scène	Services « purs » en avant-scène
Excellence produit et économies d'échelle	**Solutions et expérience des clients**
Biens matériels : possession, brevet	Immatériel : pas de possession ni de brevet
Division du travail et spécialisation	Intégration : expérience complète
Standardisation	Personnalisation : chaque client est unique
Pas de participation du client	Coproduction
Économies d'échelle	Économies d'élargissement, montée en gamme, économies de relation
Gestion des stocks	Files d'attente et gestion de la capacité
Qualité de conformité	Qualité de la prestation, de l'expérience
	Moment de vérité
Zéro défaut	Zéro défection
Reprise et réparation	Récupération du client
Centralisation de la production	Proximité des clients
Commercialisation d'un produit	**Commercialisation d'un service**
Marketing mix : les « 4 P »	Service mix : les « 6 P » (2 P supplémentaires : Processus de délivrance et Participants)
Prix fondé sur le coût	Prix fondé sur la valeur
Marketing transactionnel	Marketing relationnel
Contrôle des réseaux de distribution	Marketing interne

Figure 2.5 : Comparaison des produits et des services

L'arrière-scène et l'avant-scène sont deux mondes bien différents. Les enseignements tirés de la fabrication ne s'appliquent pas nécessairement aux services et *vice versa*. Une compagnie d'assurances peut investir des sommes considérables dans ses activités d'arrière-scène afin de réaliser des économies d'échelle, mais son effort perdra beaucoup de son efficacité si elle néglige le contact avec ses clients.

Nous avons violemment opposé l'avant-scène à l'arrière-scène pour la clarté de la démonstration. Cette distinction, volontairement exagérée, ne doit pas déformer la réalité. Ces deux composantes s'interpénètrent et se conjuguent étroitement. Elles font toutes deux partie du même système, et les activités d'arrière-scène sont là pour soutenir l'avant-scène.

Il est essentiel d'aligner l'arrière-scène sur l'avant-scène, et *vice versa*, même si les objectifs sont contradictoires et les modes de fonctionnement différents.

Alors, comment faire pour intégrer ces deux mondes ?

Une première solution consiste à demander aux clients d'être plus raisonnables : « Vous pouvez acheter une Ford T de n'importe quelle couleur du moment que c'est noir ». Mais plus l'offre se fait abondante et les clients deviennent exigeants, plus cette méthode est difficile à appliquer. Une deuxième solution consiste alors à demander davantage de flexibilité du côté de l'arrière-scène. Les lignes de production et les ateliers deviennent flexibles. La conception se fait modulaire.

Un autre moyen d'éliminer les conflits entre avant-scène et arrière-scène consiste à demander au personnel d'assurer l'ensemble des activités, comme c'est le cas dans les restaurants Benihana où le cuisinier ne travaille plus en cuisine, mais dans la salle tout en assurant le spectacle.

Dans tous les cas, il peut être intéressant d'avoir recours à des mécanismes d'intégration (réunions ou centres de coordination) afin d'étudier précisément l'intégration des processus

49

transversaux. L'externalisation d'activités non essentielles peut également apporter une certaine flexibilité. Mais lorsqu'il s'agit d'externaliser ou de développer des partenariats concernant des activités d'avant-scène, il ne faut pas oublier la règle d'or énoncée par Jack Welch[3] : « Ne laissez jamais personne s'interposer entre vous et vos clients. Il s'agit de relations trop longues à mettre en place et trop précieuses pour être perdues. »

Nous allons maintenant nous pencher plus particulièrement sur l'avant-scène pour comprendre sa culture particulière, et ce double partenariat qui lie l'entreprise à ses deux acteurs essentiels que sont le client et l'employé.

Chapitre 3

Le triangle des services

Dans le précédent chapitre, nous avons vu combien il était important de bien séparer les activités d'arrière-scène, qui portent principalement sur les opérations et la fabrication des produits, des activités d'avant-scène, qui concernent le service, c'est-à-dire l'interaction entre deux acteurs essentiels : le personnel en première ligne et le client. Dans ce chapitre, nous allons nous focaliser sur le jeu de ces deux partenaires, sur l'équilibre que doit maintenir l'entreprise entre ces deux acteurs.

De la transaction à la relation

Si l'entreprise met surtout l'accent sur l'excellence du produit et la productivité, l'avant-scène risque de n'être considérée que comme un simple réseau de distribution. Cette approche transactionnelle schématisée par le célèbre marketing mix est illustrée sur la Figure 3.1. Les produits sont poussés dans les réseaux de distribution ou tirés par les clients. Étant donné

© Groupe Eyrolles

qu'il s'agit de « choses » matérielles et mesurables, la référence prix repose beaucoup sur le coût et la marge.

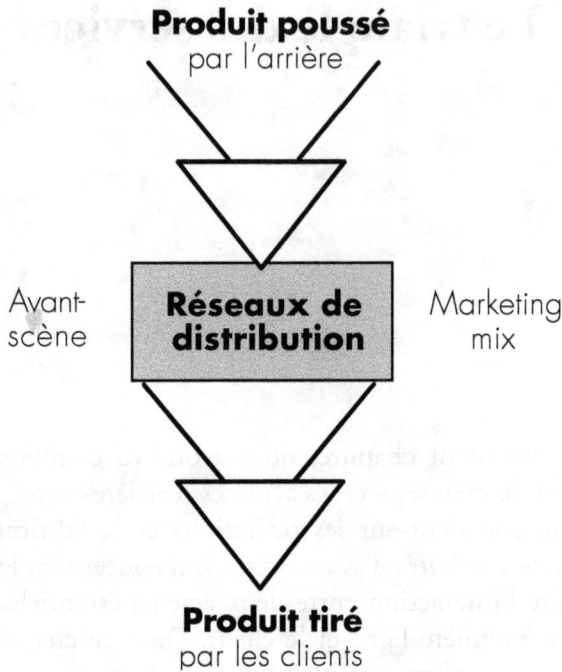

Figure 3.1 : Approche transactionnelle

Dans le triangle des services décrit par la Figure 3.2, l'approche transactionnelle, dans sa plus simple expression, est représentée par le lien direct entre l'entreprise et le client, associé au marketing produit, puis par le contact entre le client et le personnel du réseau de distribution, selon la promotion et le marketing local, puis la vente. Le client n'est pas individualisé. L'accent est mis sur le volume des ventes et les parts de marché.

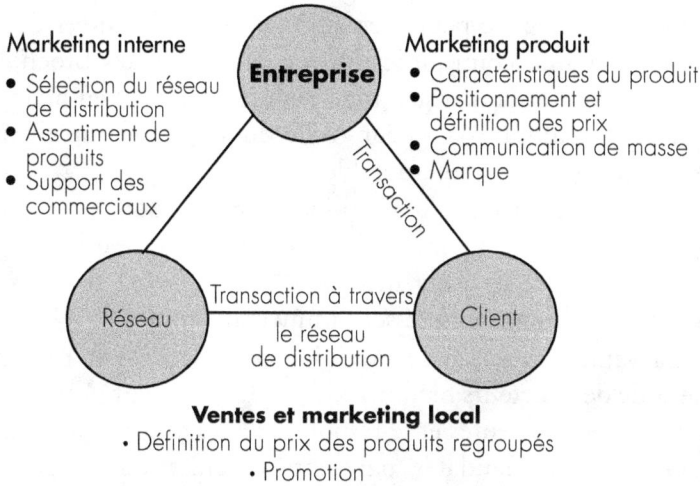

Marketing interne
- Sélection du réseau de distribution
- Assortiment de produits
- Support des commerciaux

Entreprise

Marketing produit
- Caractéristiques du produit
- Positionnement et définition des prix
- Communication de masse
- Marque

Transaction

Réseau — Transaction à travers le réseau de distribution — **Client**

Ventes et marketing local
- Définition du prix des produits regroupés
- Promotion

Figure 3.2 : Commercialisation et vente d'un produit

Mais plus l'activité de l'entreprise s'axe sur le service, plus la relation entre le personnel en première ligne et le client prédomine (voir Figure 3.3).

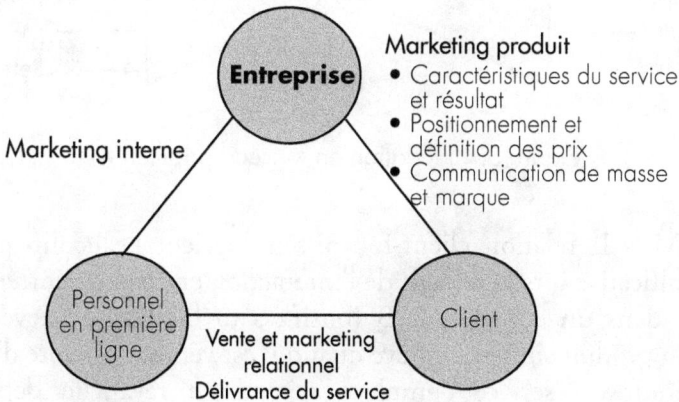

Entreprise

Marketing produit
- Caractéristiques du service et résultat
- Positionnement et définition des prix
- Communication de masse et marque

Marketing interne

Personnel en première ligne — Vente et marketing relationnel / Délivrance du service — **Client**

Figure 3.3 : Commercialiser et vendre un service

© Groupe Eyrolles

Le personnel en première ligne commercialise le service et le délivre. L'entreprise peut bien sûr chanter les louanges de son service par une communication de masse ou des brochures. Elle peut vanter sa marque, mais c'est le personnel en première ligne qui démontre la valeur réelle du service et fournit une expérience unique et mémorable.

Ce qui fait la force d'une équipe de foot, ce sont ses joueurs. Bien sûr, l'image joue mais à la fin de la saison, ce qui compte, c'est le nombre de buts marqués. Si le nombre de buts est insuffisant, l'image s'en ressent immédiatement.

La vente et l'achat de produits simples relèvent générale-ment de deux acteurs bien définis, gardiens de leur position : le responsable des ventes et le responsable des achats, qui sont en quelque sorte mandatés par leurs organisations respectives pour négocier la transaction. Les communications entre les deux entreprises passent par le goulet étroit représenté par un « nœud papillon », sur la Figure 3.4.

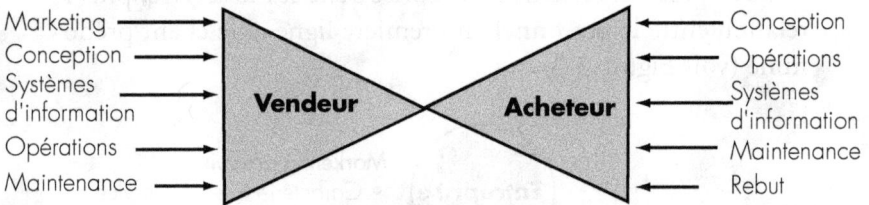

Figure 3.4 : Relation en « nœud papillon »

Mais la relation client-fournisseur devient beaucoup plus significative lorsqu'il s'agit de l'interaction entre deux entrepri-ses, dans un contexte B2B (business to business). La vente d'un produit simple s'achève quand il est vendu ; la vente d'un produit ou service complexe s'étend en revanche depuis l'avant-vente jusqu'à l'après-vente. Elle mobilise beaucoup plus de personnes avant, pendant et après la décision d'achat.

L'interaction entre les deux organisations prend alors la forme d'une relation ouverte en losange, comme l'illustre la Figure 3.5.

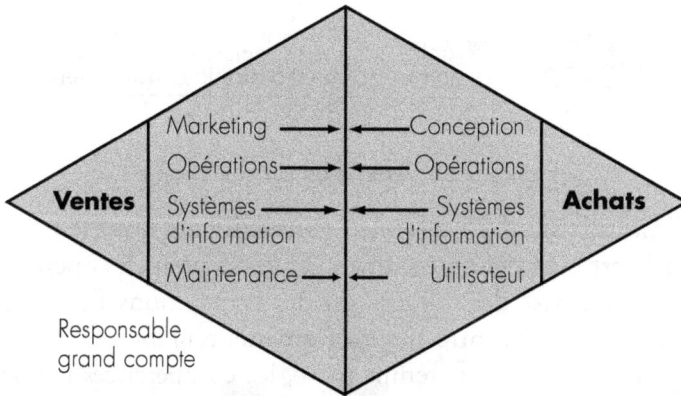

Figure 3.5 : Relation en losange

Ainsi la vente de produits et des services qui les entourent implique de multiples interactions entre nombre d'acteurs des deux organisations, de l'avant-vente à l'après-vente. Ces interactions peuvent alors déboucher sur un partenariat entre les deux entreprises.

Il arrive fréquemment que le fournisseur désigne un responsable de compte qui analyse et intègre la relation entre sa propre équipe et l'équipe de l'acheteur. Ce responsable doit connaître le rôle de chacun des acteurs de l'entreprise cliente : qui est à l'origine de la demande, qui la soutient, qui a de l'influence ou contrôle les ressources, qui est le véritable décideur, qui spécifie les caractéristiques du produit ou service, qui en est l'utilisateur. L'aspect service s'élargit considérablement sur l'avant-scène.

Cette évolution du transactionnel vers le relationnel peut être représentée schématiquement en 3 étapes comme suit :

Considérons d'abord la vente d'un simple produit. Le produit est évident, visible, tangible ; c'est un solide élément du marketing mix.

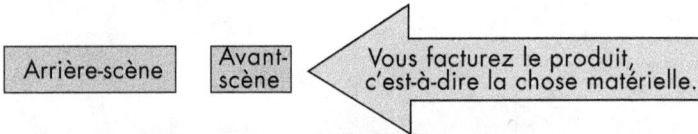

| Arrière-scène | Avant-scène | Vous facturez le produit, c'est-à-dire la chose matérielle. |

Figure 3.6 : Vente d'un produit simple

Si nous passons à un service transactionnel dont le résultat attendu est bien défini, comme c'est le cas pour des opérations de maintenance, des voyages ou des transactions financières, l'attention se concentre sur les éléments tangibles et mesurables du service mix : le temps passé, les compétences requises, l'intensité d'interaction, la documentation et les explications.

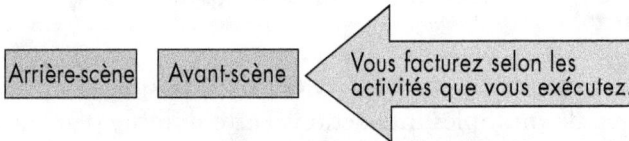

| Arrière-scène | Avant-scène | Vous facturez selon les activités que vous exécutez. |

Figure 3.7 : Service transactionnel

Enfin, lorsque l'expérience prend le devant de la scène, la vieille histoire du chaudronnier[1] illustre à merveille la différence entre facturer pour des activités et facturer un résultat. Un chaudronnier est appelé pour réparer la chaudière en panne d'un bateau à vapeur. Après avoir écouté les ingénieurs et posé quelques questions, il descend dans la salle des machines. Il examine l'enchevêtrement des tuyaux, écoute les bruits et les sifflements intempestifs de la chaudière et pose la main sur certains conduits. Il enfile ensuite son bleu de travail, prend un petit marteau et tape sur une soupape rouge. Tout le système se remet alors à fonctionner parfaitement et le chaudronnier rentre chez lui.

Lorsque le propriétaire du bateau reçoit la facture d'un montant de 1000 euros, il se plaint du prix compte tenu du fait que le réparateur n'a passé qu'une quinzaine de minutes dans la salle des machines et lui réclame des explications. Voici la facture détaillée qu'il reçoit :

Pour avoir tapé avec le marteau	1 €
Pour avoir su où taper	999 €
Total	1000 €

À l'image du chaudronnier, un consultant doit se concentrer sur le résultat de la transformation de son client. Ce qui compte, c'est le succès du client et pas nécessairement le temps passé sur de volumineux dossiers ou des présentations Power-Point très élaborées. Le « no-win, no-fee » des avocats (pas de résultat, pas d'honoraires ou encore des honoraires déterminés en fonction des résultats) dit la même chose : ce qui est important, c'est le résultat, l'issue finale, le succès, la valeur perçue par le client.

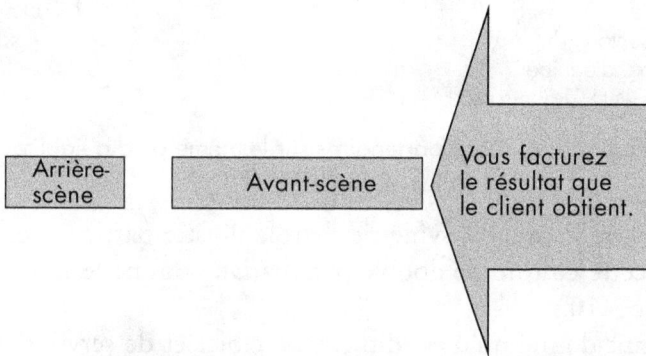

Figure 3.8 : Expérience, transformation du client

Une culture de double partenariat

La gestion d'une relation implique que l'entreprise développe un double partenariat entre, d'un côté, le personnel en première ligne et, de l'autre, les clients. Ce double partenariat se retrouve dans le credo de l'hôtel Ritz-Carlton : « Des gens de bien sont au service de gens de bien » (Ladies and gentlemen are serving ladies and gentlemen).

Les deux parties sont sur un pied d'égalité. Les employés doivent être considérés comme des clients et les clients comme des employés. La formule « Traitez vos employés comme vous traitez vos clients » confirme que tous deux participent au service à égalité.

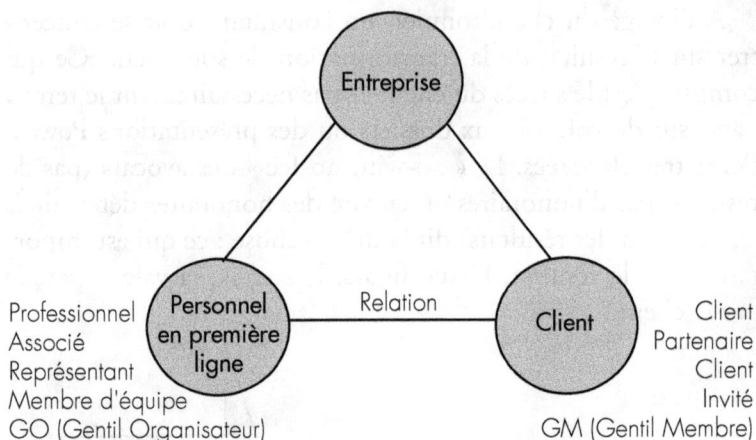

Professionnel		Relation		Client
Associé	**Personnel en première ligne**		**Client**	Partenaire
Représentant				Client
Membre d'équipe				Invité
GO (Gentil Organisateur)				GM (Gentil Membre)

Figure 3.9 : Deux partenaires sur le même pied d'égalité

Une remarquable symétrie de rôle illustre particulièrement bien cette culture de double partenariat, comme le montre la Figure 3.10 :

Étant donné qu'il est difficile de cibler et de servir chaque client individuellement, les clients participent à la relation et coproduisent le service. Ils se servent eux-mêmes au buffet d'un restaurant comme ils le souhaitent, à leur rythme et selon leurs propres goûts. Ils sont même prêts à payer pour faire le travail si cela leur permet d'obtenir un service personnalisé et intégré. Sur le Web, ils personnalisent et intègrent leurs interactions, mais encore faut-il que les systèmes répondent

Entreprise

Marketing interne

Communication de masse

Personnel en première ligne

Relation

Client

Les meilleurs agents marketing	Les meilleurs agents marketing
Le personnel en première ligne est le mieux placé pour démontrer la valeur du service dans une relation de personne à personne.	Les clients sont les meilleurs défenseurs du service dont ils font l'expérience. Le bouche-à-oreille est plus convaincant que la communication de masse.
Ils fournissent le service et contrôlent l'interaction	Ils coproduisent et contrôlent l'interaction
Ce sont les vrais « patrons » de l'interaction. D'où l'importance du marketing interne, qui vise à vendre le service aux employés avant de le vendre aux clients.	Ils personnalisent et intègrent le service par leur participation. Ils émettent immédiatement des commentaires ou des réclamations.

Figure 3.10 : La symétrie du double partenariat

rapidement à leur demande et leur donnent accès aux informations et connaissances dont ils ont besoin.

Par exemple, sur le site d'eBay, le client contrôle en partie l'interaction en naviguant sur le Web. Non seulement il fait le travail, mais il est noté par les autres utilisateurs après une vente ou un achat. La pression des autres clients l'oblige à bien se tenir sous peine d'être exclu.

Cette symétrie peut s'étendre au recrutement, à la formation, à la récompense éventuelle et à la fidélisation.

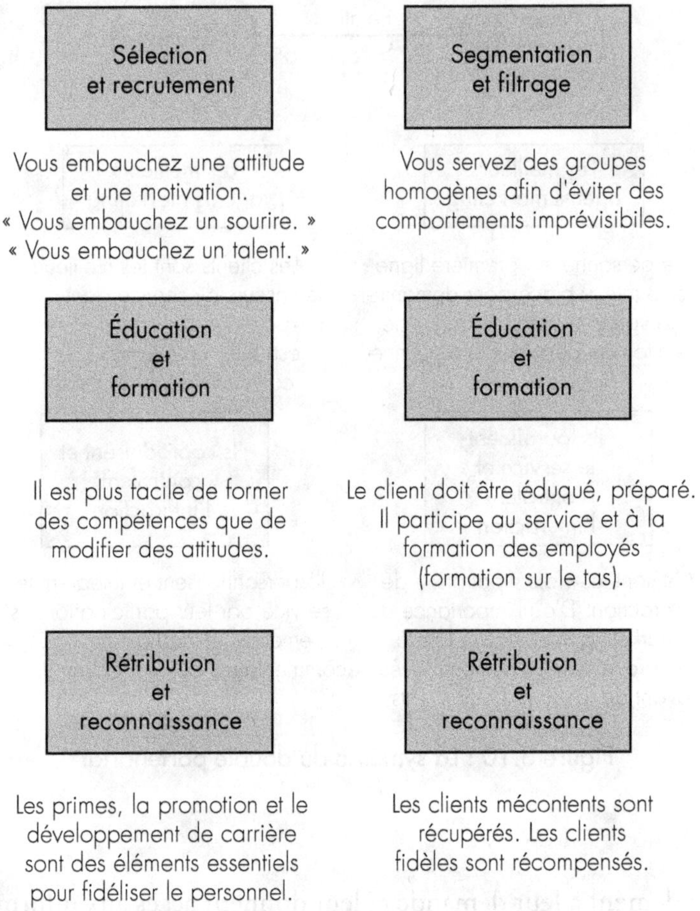

Sélection et recrutement	Segmentation et filtrage

Vous embauchez une attitude et une motivation.
« Vous embauchez un sourire. »
« Vous embauchez un talent. »

Vous servez des groupes homogènes afin d'éviter des comportements imprévisibiles.

Éducation et formation	Éducation et formation

Il est plus facile de former des compétences que de modifier des attitudes.

Le client doit être éduqué, préparé. Il participe au service et à la formation des employés (formation sur le tas).

Rétribution et reconnaissance	Rétribution et reconnaissance

Les primes, la promotion et le développement de carrière sont des éléments essentiels pour fidéliser le personnel.

Les clients mécontents sont récupérés. Les clients fidèles sont récompensés.

Figure 3.11 : L'extension de la symétrie

Renverser la pyramide

C'est le personnel d'avant-scène qui délivre le service. Il organise, gère et contrôle la relation. Ce sont les joueurs sur un terrain de football qui contrôlent le jeu et marquent des buts tandis que l'entraîneur suit le match en restant sur le côté. Il n'a pas le droit d'aller sur le terrain sous peine d'être pénalisé ! Bien sûr, à l'arrière, il sélectionne et entraîne son équipe.

Lorsque le pouvoir est dans les mains des joueurs de l'avant-scène, le management ne peut plus s'exercer selon les principes de la pyramide hiérarchique classique. Il faut alors renverser en quelque sorte la pyramide. Bien entendu, les managers doivent toujours fixer les objectifs et sont responsables des résultats, mais sur l'avant-scène, ils deviennent des entraîneurs, des « coachs ». Ils doivent guider, soutenir, encourager et récompenser leurs joueurs. Nous passons d'un style vertical hiérarchique à un style horizontal de travail en équipe.

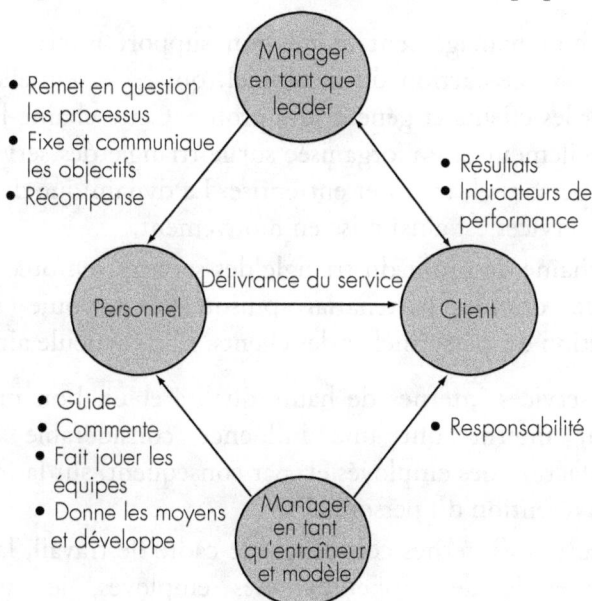

Figure 3.12 : Double rôle des directeurs

La chaîne de profit du service

La chaîne de profit du service crée un lien entre la rentabilité, la satisfaction des clients et la satisfaction du personnel. Ce concept, illustré par la Figure 3.13, a été développé par James Heskett et des collègues[2].

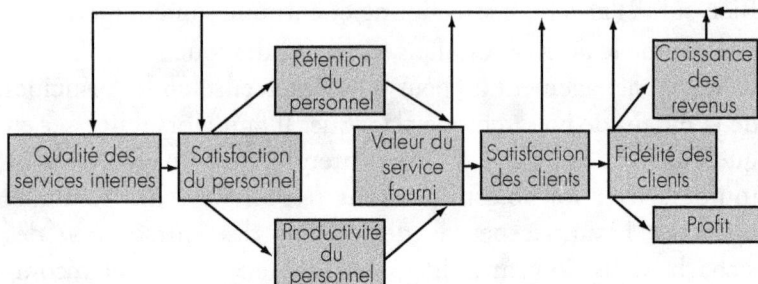

Figure 3.13 : Chaîne de profit du service

Un bon management et un bon support interne contribuent à la satisfaction du personnel, qui est essentielle pour fidéliser les clients et générer des profits. Cette chaîne linéaire peut facilement être réorganisée sur le triangle des services en reliant personnel, client et entreprise. La dynamique du triangle des services est ainsi mise en mouvement.

La chaîne de profit du triangle des services renforce la culture de double partenariat puisqu'elle s'appuie sur la satisfaction du personnel et des clients. Elle s'articule ainsi :

- des services internes de haute qualité et un bon management interne ont une influence considérable sur la satisfaction des employés et, par conséquent, sur la rotation et la rétention du personnel ;
- les services internes concernent le cadre de travail, la sélection et le développement des employés, le style de management, les règles et les procédures, les systèmes

Formulation du produit
et du processus

Services internes
de haute qualité et
bon management
interne

Entreprise

Croissance des
revenus et rentabilité

Satisfaction
du
personnel

Relation

Satisfaction
des
clients

Valeur du service fourni

Faible rotation
Productivité supérieure

Fidélisation

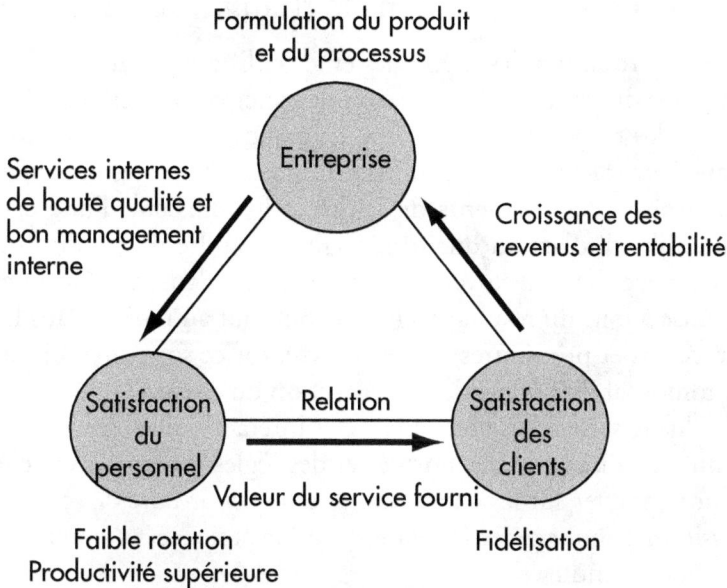

Figure 3.14 : Le triangle de profit du service

d'information, la communication interne, ainsi que les systèmes de prime et de reconnaissance ;

- en plus des coûts de recrutement et de formation, la rotation du personnel entraîne une perte de productivité et une baisse de satisfaction des clients, due à l'interruption de la relation ;
- la satisfaction du personnel détermine naturellement la satisfaction des clients ;
- à son tour, la satisfaction des clients se traduit par une augmentation des revenus et de la rentabilité, grâce à une plus grande fidélisation des clients (source de revenus durable et élargissement de la gamme) et la multiplication des références par le bouche-à-oreille.

Le jeu du pouvoir dans le triangle des services

Si les « produits », les méthodes et les politiques sont définis et imposés du haut vers le bas, selon le principe hiérarchique classique, les employés en interface risquent de se sentir à l'étroit dans leur rôle et de se démotiver. Or, ce sont eux les véritables « patrons » des moments de vérité et ils jouissent d'une certaine liberté d'action quand il s'agit de vendre un produit ou un service. Ils doivent donc être impliqués dans la création et la mise à jour du résultat recherché ou, tout au moins, dans les processus et procédures mis en œuvre, car ce sont eux qui ont la responsabilité finale de la satisfaction du client.

Plus le service est personnalisé et interactif, plus l'entreprise a du mal à imposer des normes et des règles uniformes car elle doit s'appuyer sur les compétences et le savoir-faire de ses professionnels pour gérer la relation ou l'expérience, et obtenir le résultat attendu.

Mais alors, ces professionnels peuvent profiter du pouvoir lié à leur compétence pour contrôler la situation et obtenir plus d'indépendance et d'avantages.

Les clients, pour leur part, exercent une autre forme de pouvoir puisque ce sont eux qui décident d'acheter, ou de promouvoir le service. Chacun sait, par exemple, que la satisfaction des patients d'un hôpital s'accroît lorsqu'ils peuvent raisonnablement maîtriser et comprendre leur traitement.

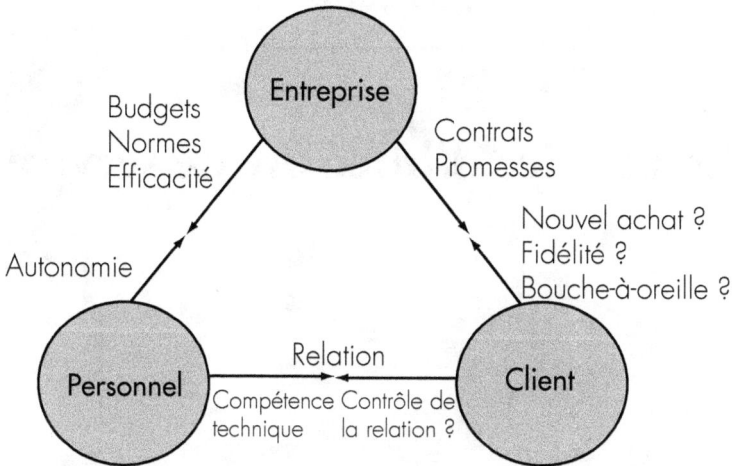

Figure 3.15 : Le jeu du pouvoir du triangle des services

Conclusion

Nous sommes tous, plus ou moins, dans les services. Mais plus les efforts sont concentrés sur l'aspect service, plus la transaction se transforme en relation et plus le marketing mix évolue vers le service mix, illustré par une culture de double partenariat où le personnel et les clients jouent des rôles symétriques.

Chapitre 4

La matrice d'intensité de service

Le service mix associe d'un côté le « produit », et de l'autre le processus et le personnel d'interaction – deux dimensions naturelles, qui peuvent être disposées sur les deux côtés d'une matrice que j'appelle matrice d'intensité de service. Ces deux dimensions permettent de positionner l'expérience du service.

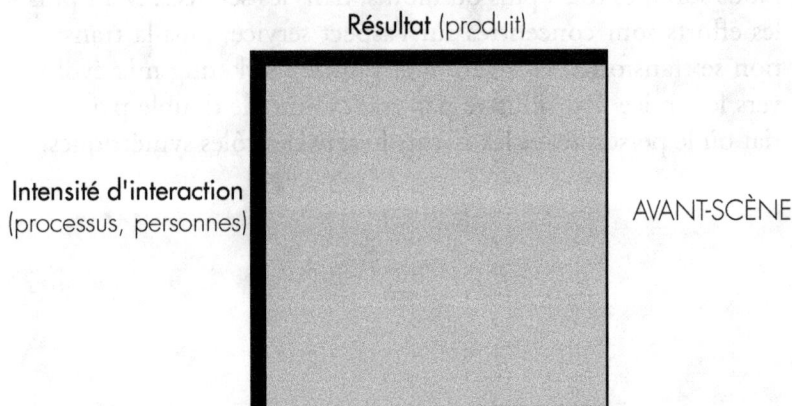

Figure 4.1 : Matrice d'intensité de service

Dimension produit/résultat

Lorsqu'il achète un service, le client regarde d'abord et avant tout le résultat, c'est-à-dire la dimension « produit ».

Chacun sait que durant son cycle de vie, le produit passe du stade de la nouveauté à celui de la maturité, en tombant dans la normalité et la banalité. Au moment de son lancement, le produit est nouveau, unique et spécial, mais bientôt il se standardise, se banalise, se fabrique en masse. Steve Jobs a commencé à développer l'ordinateur personnel dans son garage. Et aujourd'hui, c'est devenu un objet tout à fait banal. Et dès qu'un nouveau service financier remporte un certain succès, il est rapidement copié par la concurrence et se normalise.

Cette évolution correspond au premier axe, l'axe « produit » de la matrice. À l'une des extrémités, l'offre est unique, personnalisée, riche et variée. À l'autre extrémité, le service est bien connu du client. Il devient routine et se banalise. Cette banalisation est le lot, le destin de toute activité qui n'est pas capable de se régénérer ou de se recréer. Les hôtels, par exemple, sont régulièrement redécorés et restaurés afin de maintenir leur positionnement.

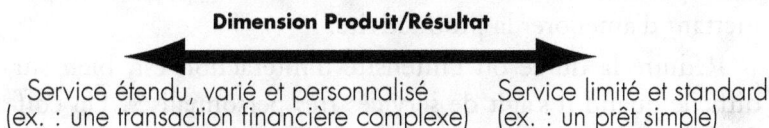

Dimension Produit/Résultat

Service étendu, varié et personnalisé (ex. : une transaction financière complexe)   Service limité et standard (ex. : un prêt simple)

Figure 4.2 : Dimension « produit »

Intensité d'interaction

Dans les services où le niveau d'interaction est élevé et technique, comme c'est le cas dans les cabinets juridiques ou les hôpitaux, l'interaction est intense car un grand nombre de spécialistes interviennent autour du client ou du patient, qui est lui-même souvent amené à coopérer. À l'inverse, dans les services où le niveau de contact est faible, comme dans la restauration rapide ou les banques de réseau, le personnel intervient de façon plus ponctuelle et les clients savent ce qu'on attend d'eux.

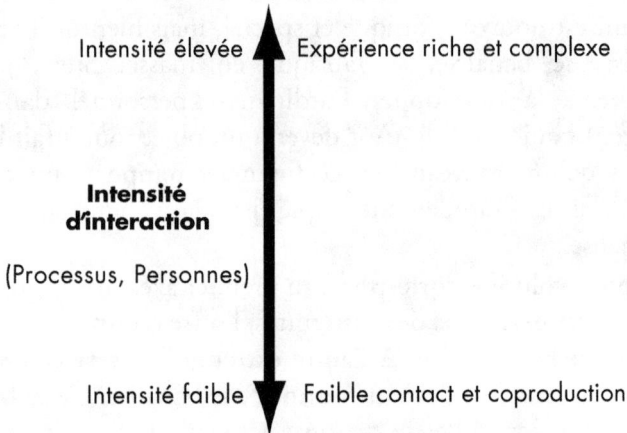

Intensité élevée   Expérience riche et complexe

**Intensité
d'interaction**

(Processus, Personnes)

Intensité faible   Faible contact et coproduction

Figure 4.3 : Intensité d'interaction

Cette dimension intensité d'interaction dans l'avant-scène est importante car elle constitue l'une des rares possibilités permettant d'améliorer la productivité.

Réduire la durée ou l'intensité d'interaction est, bien sûr, difficile quand il s'agit de services très personnalisés. Un coiffeur peut-il couper les cheveux plus vite pour réduire son « temps de cycle » et accroître son chiffre d'affaires ? À cette suggestion, le client répondra : « Certainement pas ! Ma tête est unique. Je suis spécial. Prenez votre temps ! » Pour réduire l'intensité d'interaction, un assistant, moins bien payé, pourra éventuellement seconder le coiffeur en se chargeant du shampooing. Une autre solution peut consister à convaincre le client de faire une partie du travail, en se lavant lui-même les cheveux. On parle alors de « coproduction », terme utilisé de préférence à « self-service ».

Cependant, lorsque le service se standardise, il est possible de réduire l'intensité d'interaction en jouant sur la dimension Processus (temps de cycle, simplification de l'interaction) et sur la dimension Personnes (moins grande expertise, coproduction).

Il existe alors de grands écarts entre le coût d'interaction avec un expert, le coût d'un appel téléphonique ou le coût d'une transaction Web. Mieux encore, les nouvelles technologies permettent d'automatiser certaines opérations comme c'est le cas des serveurs vocaux ou des systèmes de lecture optique dans les supermarchés. Dans le cas du Web, c'est le client qui assume lui-même une partie du travail.

La matrice d'intensité de service

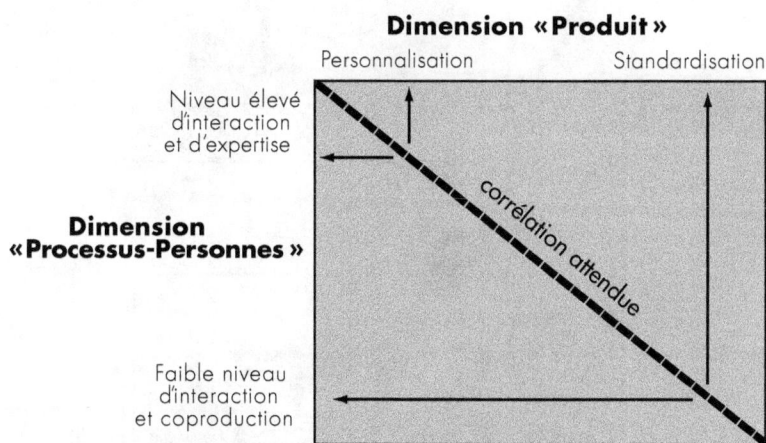

Figure 4.4 : Matrice d'intensité de service

Cette matrice se révèle très utile pour positionner les expériences de service dans un même secteur de marché. On peut alors s'attendre à ce que les expériences de service s'alignent le long de la diagonale de la matrice. On observe en effet une bonne corrélation entre la personnalisation ou la complexité, et un haut niveau d'expertise et d'interaction dans le coin supérieur gauche de la matrice. Au fur et à mesure que l'expérience se standardise, le niveau d'interaction diminue régulièrement et on se retrouve dans le coin inférieur droit.

Ce phénomène s'observe dans le domaine de l'hôtellerie, par exemple. L'intensité d'interaction peut se mesurer par le nombre d'employés par chambre, comme le montre la matrice représentant les hôtels Accor ou les hôtels Marriott.

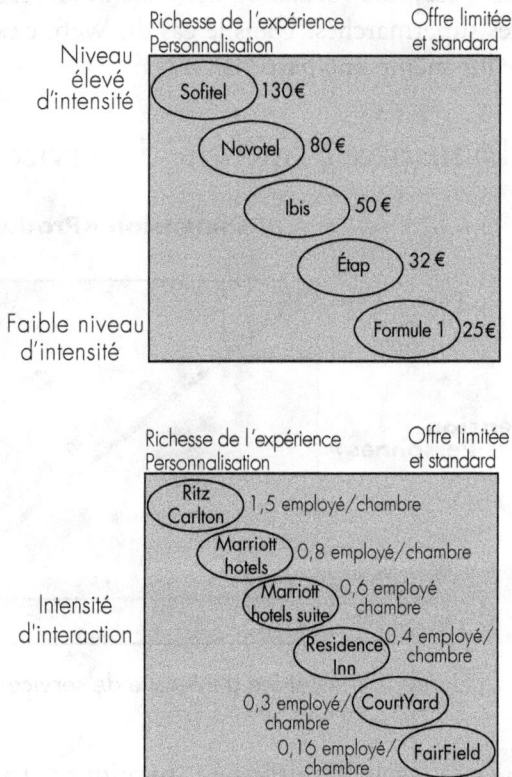

Figure 4.5 : Hôtels Accor et hôtels Marriott

Ainsi, la matrice d'intensité de service a pour principal avantage de positionner les expériences de service d'un même secteur en jouant sur les trois dimensions du service mix : le Produit, le Processus et les Personnes. La dimension Processus-Personnes se conjugue à la dimension Produit, comme semble le montrer la corrélation entre ces deux termes selon la diagonale de la matrice.

La matrice produit/processus dans l'arrière-scène

Une matrice similaire existe à l'arrière et relie la dimension produit à la dimension processus de production. Elle a été décrite par Bob Hayes et Steve Wheelwright[1] et la Figure 4.6 en est une représentation simplifiée. L'axe horizontal correspond à l'évolution déjà décrite du produit spécifique et innovant à son lancement, jusqu'à sa maturité et sa banalisation. L'axe vertical représente les principaux processus de production : organisation en atelier, production fonctionnelle en petite série, chaîne de production et flux continu.

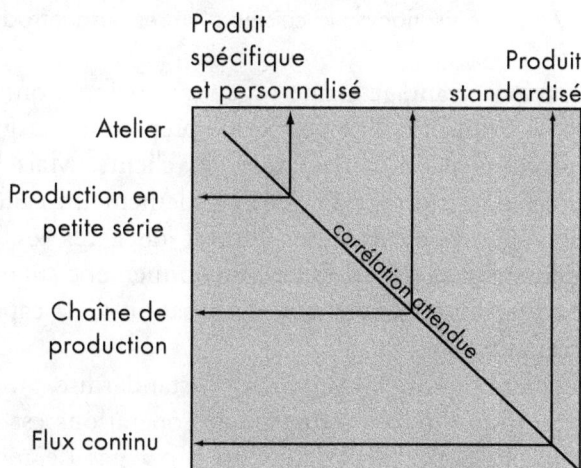

Figure 4.6 : Matrice produit/processus

71

Là encore, les produits s'alignent le long de la diagonale au fur et à mesure qu'ils se standardisent et sont fabriqués en masse.

Les produits personnalisés, tournés vers les besoins spécifiques des clients sont fabriqués dans des ateliers où les opérations sont regroupées par fonction, par spécialité. On retrouve cette organisation fonctionnelle dans les imprimeries, les garages ou encore les cuisines des restaurants traditionnels (Figure 4.7).

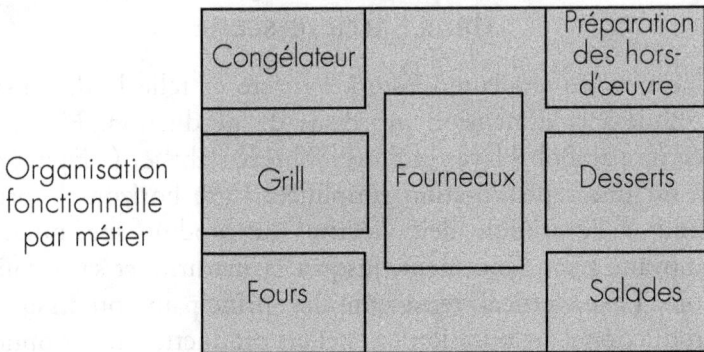

Figure 4.7 : Organisation de la cuisine d'un restaurant traditionnel

Le principal avantage d'une organisation fonctionnelle en atelier est sa flexibilité. Elle permet de préparer un large éventail de produits selon la demande des clients. Mais lorsque cette variété s'accroît, elle devient rapidement un cauchemar quand il s'agit d'optimiser les flux et de gérer les goulets d'étranglement. Les dépenses de fonctionnement augmentent très vite en raison du faible taux d'utilisation de la capacité et du coût du personnel qualifié.

Inversement, plus le produit se standardise, moins il requiert de flexibilité. La séquence des opérations est fixée le long de la chaîne de production. Il n'y a pas de retour en arrière possible, le flux s'écoule dans un seul sens. Le taux

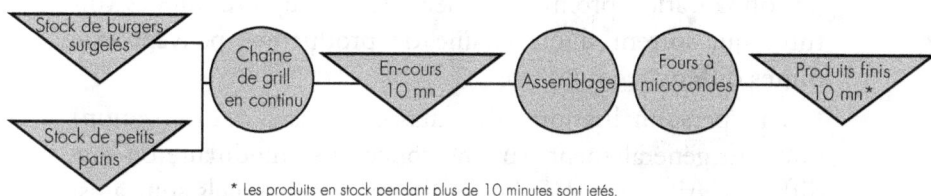

* Les produits en stock pendant plus de 10 minutes sont jetés.

Figure 4.8 : Chaîne de production d'un fast-food

d'utilisation de la capacité augmente de manière radicale, le flux des produits devient plus régulier et l'ordonnancement est grandement simplifié. La productivité est au rendez-vous dans cette fabrication de masse.

Au bout de la diagonale (voir Figure 4.9) se trouve le flux continu, l'idéal des ingénieurs de production. D'énormes investissements sont nécessaires pour augmenter la taille des unités de production et générer les économies d'échelle recherchées. Les produits standards comme l'acier, le verre plat ou le papier sont fabriqués en continu, suivant des flux réguliers, rigides et finement régulés. Or, plus le produit se standardise, plus sa différenciation se fait par le prix et un véritable cercle vicieux s'enclenche : la réduction du prix implique une réduction des coûts et la recherche d'économies d'échelle. Les économies d'échelle s'obtiennent par une augmentation de la capacité. L'augmentation de la capacité signifie qu'il faut vendre davantage de produits, ce qui, à son tour, conduit à une baisse des prix, une nouvelle réduction des coûts et une nouvelle augmentation de la capacité, et ainsi de suite. C'est l'enfer de la standardisation. On survit en étant le numéro un ou le numéro deux sur le marché.

L'une des rares possibilités qui permet de sortir de ce cercle vicieux consiste à ne plus vendre simplement un produit, mais une solution personnalisée avec les services correspondants. Les activités d'arrière-scène et les chaînes de production doivent alors gagner en flexibilité, pour permettre d'obtenir la personnalisation promise au client. Ainsi, aujourd'hui, les voitures qui sortent d'une chaîne de production peuvent être toutes différentes.

La personnalisation de masse (mass customization) s'obtient généralement par une conception modulaire ou une différenciation retardée. Les ordinateurs personnels sont ainsi assemblés à partir de modules standards : disques, circuits intégrés ou logiciels spécifiques. Les différents modèles d'une famille de voitures sont fabriqués à partir d'une même plateforme qui reste standard aussi longtemps que possible. La différenciation du produit final intervient le plus tard possible.

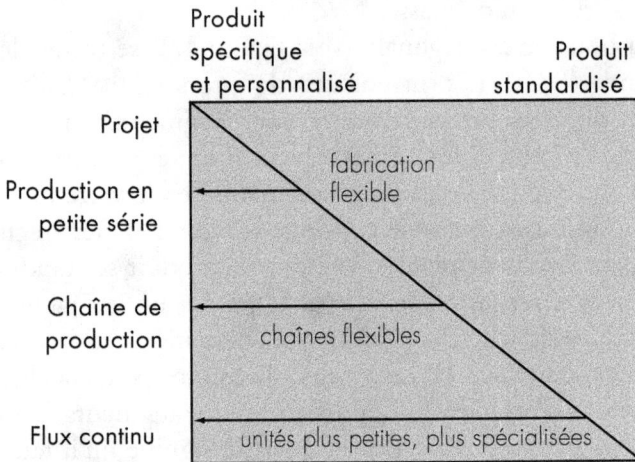

Figure 4.9 : Flexibilité dans l'arrière-scène

Toute activité d'arrière-scène peut ainsi être positionnée sur cette matrice. Les banques de réseau ont informatisé leur « back-office » et traitent à moindre coût un nombre illimité de transactions sur des chaînes de traitement. La flexibilité rendue possible par les technologies de l'information leur permet de personnaliser les applications pour des prêts automatiques, des opérations de carte de crédit ou d'autres transactions du

74

même type. Mais ce traitement de masse de l'information reste cependant relativement lourd et rigide. Les banques institutionnelles ou privées doivent avoir recours à des processus plus flexibles ou un traitement sur un mode fonctionnel.

Lorsque les opérations deviennent suffisamment standardisées, elles peuvent être externalisées localement si l'interaction reste complexe ou s'il est nécessaire d'utiliser un savoir-faire local.

Lorsque les activités d'arrière-scène peuvent être décrites avec précision, leur standardisation peut conduire à une externalisation plus lointaine. Une compagnie aérienne peut très bien délocaliser ses fonctions comptables de suivi des comptes clients ou de recouvrement au Maroc ou en Inde.

La délocalisation des activités de back-office n'est pas une nouveauté mais la baisse du coût des télécommunications permet de transférer ces activités aussi loin que nécessaire, vers les producteurs les moins chers ou les plus flexibles.

La matrice d'intensité de service et la matrice produit/processus vont se révéler des instruments fort utiles pour positionner des activités de tout type, comme le montrent les exemples ci-après.

Positionnement dans la restauration

L'exemple le plus facile à décrire est sans doute celui de la restauration. La Figure 4.10 indique le positionnement de quelques restaurants sur les deux matrices.

Les restaurants gastronomiques, qui proposent un menu sophistiqué dans un cadre agréable, ont un haut niveau d'intensité d'interaction avec des serveurs professionnels qui entourent le client et une personnalisation poussée avec un menu varié. Afin de disposer de la flexibilité requise, on retrouve dans la cuisine une organisation fonctionnelle dite en atelier. Différents types de préparations sont regroupés par spécialisation, par métier : la pâtisserie d'un côté, la préparation des poissons de l'autre, les sauces dans le fond. Ces restaurants se situent donc dans le coin supérieur gauche des deux matrices.

Dans la restauration rapide, l'extrême standardisation du menu correspond à une faible intensité d'interaction. En cuisine, on retrouve les chaînes de production classiques. Les fast-foods se situent par conséquent dans le coin inférieur droit des deux matrices.

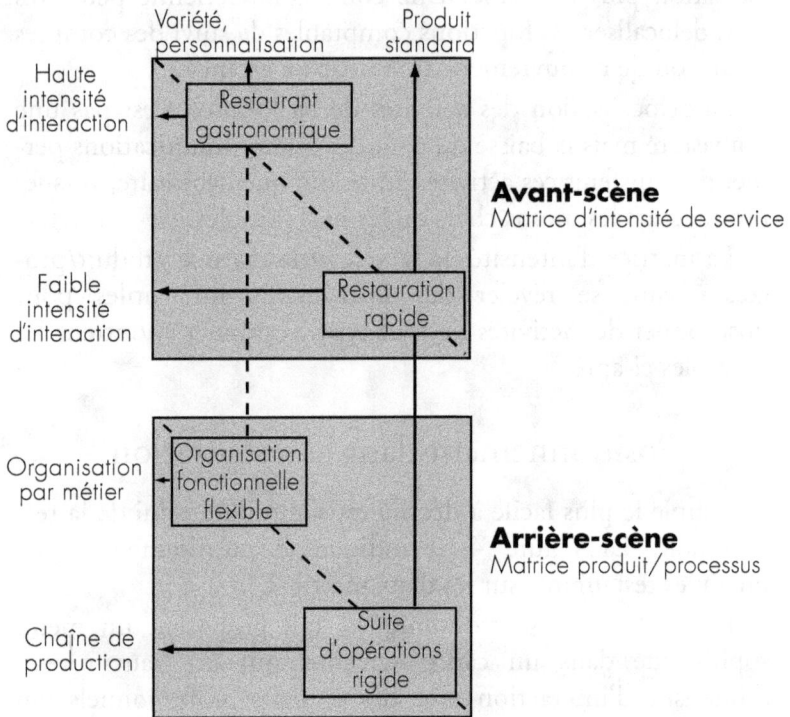

Figure 4.10 : Matrices d'avant-scène et d'arrière-scène dans la restauration

Exploration de la matrice d'intensité de service

En arrivant en Amérique, Rocky Aoki, fondateur japonais de la chaîne de restaurants Benihana de Tokyo, avait un rêve : il voulait proposer aux Américains une formule qui conjugue des grills « à la japonaise » et un spectacle. Le client était censé vivre une expérience mémorable et rassurante de la cuisine « japonaise » tout en regardant le cuisinier travailler et se donner en spectacle sur l'avant-scène.

Où situer les restaurants Benihana sur la matrice ?

Ils apparaissent évidemment dans le coin supérieur droit puisqu'il s'agit d'une cuisine plutôt standard (simple combinaison de produits grillés) mais avec niveau d'interaction relativement élevé : le chef est en contact direct avec le client auquel il offre un spectacle bien réglé.

Mais ce positionnement peut-il durer ?

Au fur et à mesure que la formule perd de son originalité, que le concept devient plus courant et qu'il est de plus en plus copié, le positionnement du restaurant Benihana se décale vers la droite. Mais les clients sont-ils disposés à payer le même prix pour un service qui a perdu de sa nouveauté et de son attrait ?

La situation devient de moins en moins confortable au fur et à mesure que les concurrents réagissent en simplifiant le processus, en réduisant l'intensité d'interaction et en baissant les prix. Pour ce faire, ils peuvent par exemple embaucher des chefs moins qualifiés ou recruter des employés d'autres nationalités, moins bien payés.

Cependant, il n'est pas plus confortable de glisser dans le coin inférieur droit, dans l'enfer de la banalisation. Au fur et à mesure que le service se standardise, la différenciation se fait par le prix. Que faire dans ce cas ? Une possibilité consiste à devenir le numéro un ou le numéro deux sur le marché afin de bénéficier des économies d'échelle dans l'arrière-scène. L'autre possibilité consiste à élargir la gamme et la variété de l'offre en

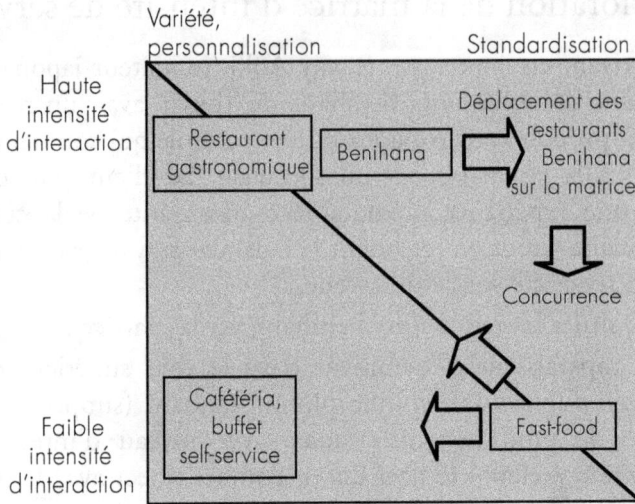

Figure 4.11 : Matrice d'intensité de service
dans la restauration

proposant un menu plus différencié ou des services supplémentaires, tels que des aires de jeu pour les enfants. Il existe enfin une troisième possibilité : demander au client d'effectuer une partie du travail (c'est-à-dire préparer lui-même son propre plat selon ses besoins et ses envies) et se positionner dans le coin inférieur gauche de la matrice, où apparaissent les cafétérias et les buffets en self-service. Mais quels sont les clients qui sont prêts à faire le travail pour obtenir davantage de choix ? Nous avons là une bonne base de segmentation.

Positionnement dans le e-business

Analysons de plus près la dimension « processus/personnes » de la matrice d'intensité de service. L'interaction la plus intense et la plus coûteuse est le face-à-face avec un expert, tandis que la moins intense et la moins chère est une simple connexion en ligne entre deux ordinateurs sur le Web. La différence de coût est énorme et n'est pas toujours justifiée : une interaction de personne à personne avec un expert n'est pas nécessairement meilleure qu'une interaction de personne à personne avec un employé utilisant un système expert, et le contact avec un employé n'est pas nécessairement plus intéressant que l'utilisation directe d'un guichet automatique. De même, un appel téléphonique n'est pas forcément plus efficace qu'un courrier électronique. Ce qui compte, ce n'est pas nécessairement le sourire ou le plaisir d'une aimable conversation, mais la possibilité de pouvoir obtenir le résultat attendu par le client, comme il le veut, quand il le veut.

Pour retirer des espèces à une banque, je peux préférer utiliser un distributeur de billets automatique plutôt que d'entrer dans l'agence et faire la queue. La machine est polie, prévisible et parle en outre ma langue si je suis à l'étranger.

Il est intéressant de noter que l'interaction avec l'employé diminue au fur et à mesure que la participation et l'implication du client augmentent.

En remplaçant cette dimension « processus/personnes » sur la matrice d'intensité de service, nous comprenons mieux l'énorme développement des services électroniques du e-business qui a surfé sur la vague de la révolution des technologies de l'information.

Traditionnellement, les services professionnels glissent en se banalisant le long de la diagonale de la matrice. Les relations professionnelles avec un petit nombre de clients (dans le coin supérieur gauche) évoluent vers des transactions standardisées touchant une multitude de clients (dans le coin inférieur droit). La richesse de l'interaction est sacrifiée à l'élargissement de la clientèle.

Cependant, lorsque l'interaction porte sur des données électroniques (et non des atomes ou des molécules), il est possible de traiter, de stocker, d'enrichir et de personnaliser l'information

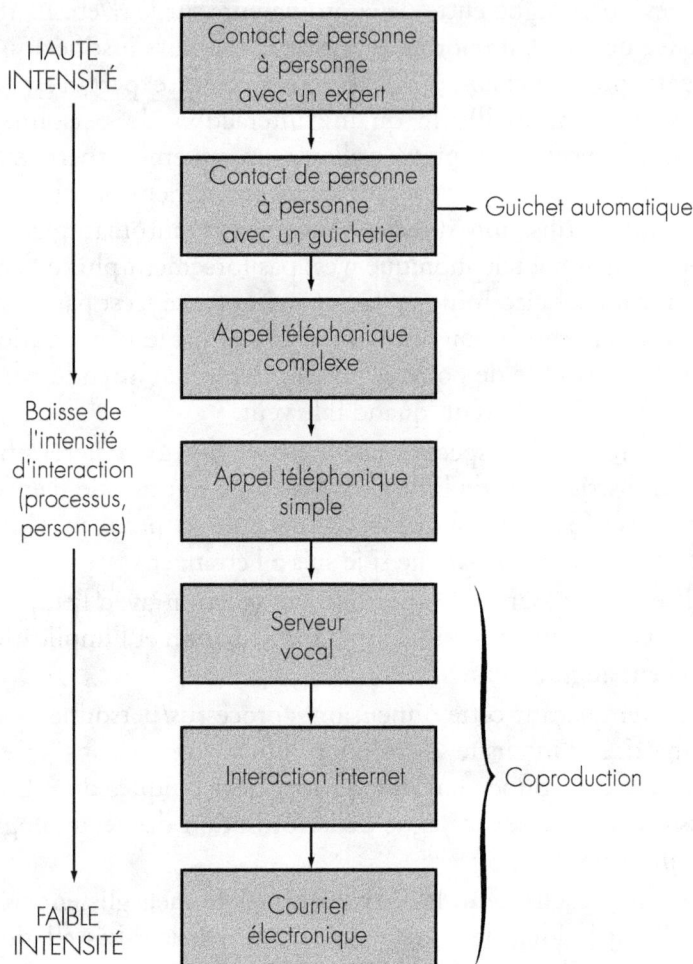

Figure 4.12 : La baisse de l'intensité d'interaction

à moindre coût. L'accès à cette mine d'information et la facilité de traitement permettent à la fois de faire participer le client et de personnaliser ou d'enrichir la relation. Mais il faut que le client soit prêt à faire sa part de travail. S'il n'a pas la compétence nécessaire, il doit être formé. Le e-business permet alors

Variété, personnalisation, riche interaction

Transaction standard

Interaction de personne à personne

Intensité d'interaction

Compromis classique

Traitement en ligne

Interaction enrichie à moindre coût, avec la participation des clients

Richesse de l'interaction sacrifiée au profit de l'élargissement de la clientèle

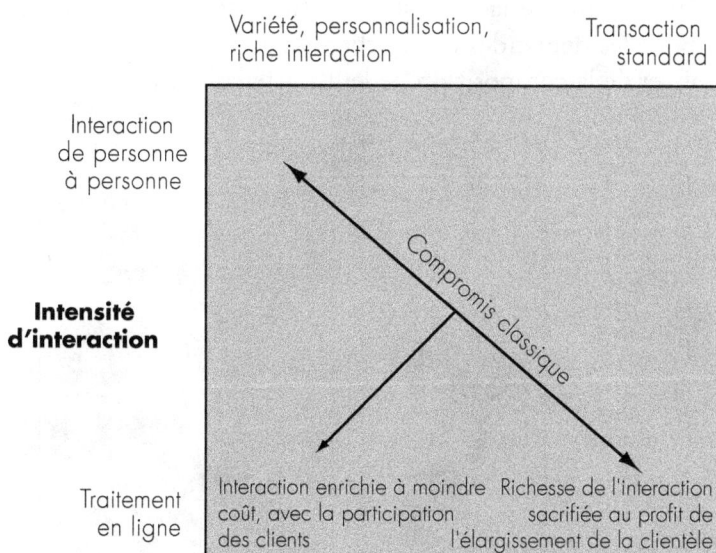

Figure 4.13 : Les compromis sur la matrice d'intensité de service

d'accéder au coin inférieur gauche de la matrice et d'obtenir un service personnalisé à moindre coût.

Positionnement des services financiers

Il y a quelques années, un certain nombre de sites de courtage en ligne, brusquement apparus dans le cyberespace après la dérégulation, ont permis aux clients d'acheter et de vendre des actions, ou autres valeurs mobilières, avec des frais de transaction bien inférieurs à ceux des courtiers classiques. Ces clients ont également bénéficié de prestations gratuites, notamment des analyses de marché ou le suivi de portefeuille en ligne. Merrill Lynch, le courtier traditionnel, comprit alors que, pour survivre, il lui fallait évoluer et apporter une solide valeur ajoutée à ses clients. Grâce à une segmentation plus ciblée, il fut en mesure de fournir des services plus personnalisés et complets.

À l'autre bout de la diagonale, E*trade traite essentiellement en ligne les demandes de ses clients qui prennent le risque du choix et de la composition de leur portefeuille.

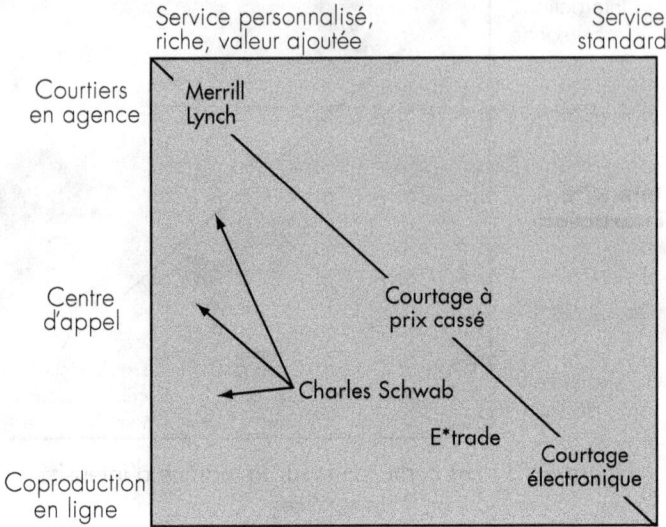

Figure 4.14 : Les services financiers sur la matrice d'intensité de service

Charles Schwab, parti d'une position similaire à E*trade a élargi sa gamme de services. Non seulement il offre une interaction personnalisée en ligne et par téléphone, mais, comme certains clients préfèrent ouvrir leurs comptes dans des agences, Charles Schwab propose trois canaux de distribution : le contact personne à personne dans ses agences ou auprès d'un réseau de courtiers affiliés, le centre d'appel et les opérations en ligne. C'est le client qui choisit le mode de communication qui lui convient le mieux.

On voit ainsi s'épanouir dans la matrice une multitude de positionnements et la clé du succès est l'alignement de la segmentation au mode d'opération. L'agence n'est pas morte : elle devient juste un canal de distribution parmi d'autres. Néanmoins, tous ces canaux doivent être intégrés afin de permettre au client d'être reconnu quel que soit le mode de communication utilisé.

Positionnement dans la vente de livres au détail

Les librairies classiques où le choix de livres reste limité n'ont pas beaucoup d'avenir. La proximité du client est certes un avantage, mais ces magasins qui se situent dans la partie supérieure de la matrice glissent peu à peu vers la droite. Leurs clients sont de moins en moins prêts à payer le prix d'une interaction de personne à personne pour une simple transaction. Vous pouvez avoir une gracieuse conversation avec une vendeuse, mais si elle avoue à la fin « Je suis désolée, le livre n'est pas en stock », vous préférez acheter le livre dans un supermarché.

Deux solutions existent pour éviter l'enfer de la standardisation. Aller dans les deux coins gauches de la matrice :

- soit un grand magasin, type Fnac ou Virgin, qui propose à l'acheteur une expérience agréable, avec un stock de plus de 150 000 ouvrages, des fauteuils, des tables de lecture, un bar, une ambiance agréable et de la musique. Ce super magasin reste ouvert tard et le personnel, sélectionné pour son intérêt à la lecture, peut donner des conseils éclairés. C'est la stratégie qui a été en particulier adoptée par Barnes & Noble qui possédait des centaines de librairies classiques aux États-Unis ;
- soit la librairie en ligne, dans le coin inférieur gauche de la matrice. Ainsi, amazon.com donne accès à des millions d'ouvrages et conseille le client en fonction d'un profil déterminé par les achats précédents ou grâce à des informations objectives communiquées par d'autres clients qui ont déjà lu le livre. En créant un site concurrent, bn.com, Barnes & Noble permet à sa clientèle de disposer des deux

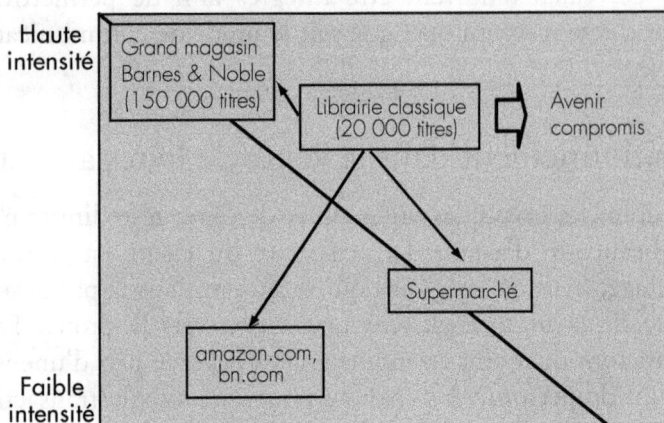

Figure 4.15 : La vente de livres au détail sur la matrice d'intensité de service

canaux, la librairie en grande surface et le site Web, la « brique » et le « clic ».

Il est important de noter qu'un clic de souris sur l'avant-scène déclenche un déplacement physique de livres ou autres objets dans l'arrière-scène. Les transactions sur l'avant-scène doivent donc être appuyées par une logistique hautement performante dans l'arrière-scène, avec des réseaux d'entrepôts, des partenariats, des transports rapides, etc. Le vrai avantage concurrentiel se trouve au niveau de l'efficacité des opérations de l'arrière.

Positionnement dans le secteur du conseil

Dans le secteur du conseil, l'intensité de l'interaction se mesure principalement par le niveau d'expertise des professionnels. David Maister[2] classe les projets en trois catégories : les projets cérébraux, les projets pour cheveux gris et les projets routiniers.

- Les projets cérébraux requièrent des professionnels disposant d'un haut niveau d'expertise. Ils portent sur des problèmes importants, complexes, avec une certaine dose d'incertitude et d'innovation.
- Les projets pour cheveux gris requièrent des professionnels expérimentés capables d'adapter et de personnaliser des solutions qui ont déjà été testées et développées sur d'autres marchés.
- Quant aux projets routiniers, ils concernent des problèmes courants et bien identifiés.

Il peut être utile de positionner la demande du client sur la matrice car ce positionnement a des répercussions sur tous les aspects de la proposition de service, en particulier sur la composition de l'équipe (le bon équilibre entre experts, professionnels expérimentés ou non) et, ce qui est encore plus important, sur le prix. Il s'agit d'un positionnement dynamique car au fil du temps, les projets cérébraux deviennent des projets pour cheveux gris puis, finalement, des projets routiniers. Ainsi, le traitement manuel de la comptabilité, qui était mal défini et considéré comme complexe dans les années 1950, est devenu un travail routinier, du fait de l'informatisation de la comptabilité et des systèmes de paie. La même évolution s'observe dans l'intégration des systèmes et, aujourd'hui, dans l'intégration au niveau du business. Monter dans la chaîne de valeur et proposer des services à plus forte valeur ajoutée constitue l'une des principales préoccupations de la plupart des sociétés de conseil qui veulent maintenir leur différenciation et des tarifs élevés.

Les consultants chevronnés doivent veiller à ne pas dépenser leur précieuse expertise professionnelle pour des projets qui deviennent routiniers. Par ailleurs, il est possible de renforcer l'efficacité des consultants de base en développant plus rapidement leur compétence à l'aide de systèmes experts ou d'une meilleure gestion et diffusion du savoir et des connaissances.

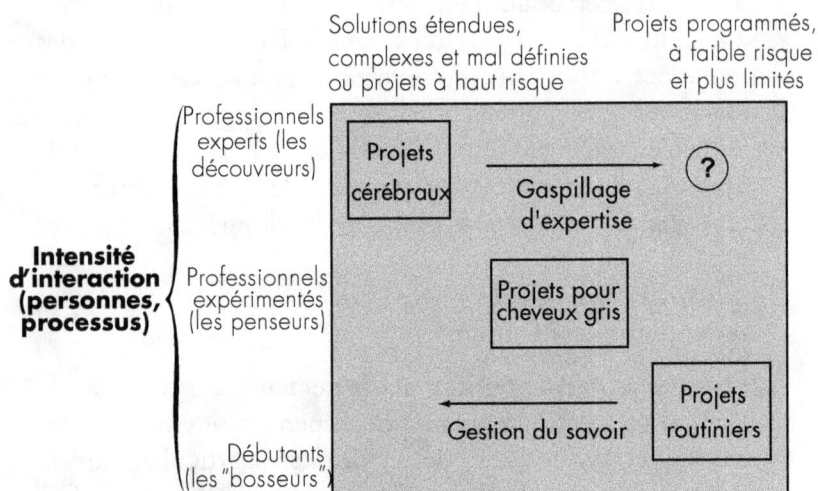

Figure 4.16 : Les activités de conseil sur la matrice
d'intensité de service

Conclusion

Grâce à sa simplicité, la matrice d'intensité de service est un instrument efficace qui peut s'appliquer à tout type de service. Elle permet un positionnement initial fondé sur trois dimensions : le produit, les personnes et les processus. La dimension « personnes » concerne le personnel d'avant-scène et les clients qui participent à l'expérience. Les clients sont amenés à coproduire et même à payer pour faire le travail eux-mêmes. Il faut donc veiller à les former et même les récompenser. Il est toutefois possible d'aller plus avant dans ce positionnement grâce à une proposition de valeur bien calibrée sur le segment choisi et une offre en accord. C'est le sujet du prochain chapitre.

Chapitre 5

Trouver et conserver
le bon accord

La matrice d'intensité de service s'avère un excellent outil pour effectuer un premier positionnement du concept de service. L'étape suivante consiste à définir une offre et une proposition de valeur qui satisfont les principales parties prenantes : le client, l'entreprise, l'employé. Il s'agit de trouver le bon accord entre l'offre et la valeur perçue par les principaux partenaires.

Jusqu'à quel point la proposition doit-elle être spécifique et personnalisée pour répondre aux attentes de chaque client ? Quelles doivent être la taille et l'homogénéité du segment cible pour que la valeur perçue par les trois principaux partenaires soit satisfaisante ?

Segmentation et focalisation

Au fur et à mesure que l'avant-scène gagne en importance, la segmentation « produit » classique devient insuffisante et il faut considérer d'autres critères de segmentation afin de prendre en compte l'expérience de service. Plus les clients participent à l'interaction, plus il est nécessaire de comprendre à quelle occasion ils choisissent ce service, le rôle qu'ils acceptent de jouer, leur mode de participation et leur niveau d'expertise. Par exemple, l'accueil et le niveau de participation ne seront pas les mêmes pour des clients qui se déplacent pour des raisons professionnelles et pour ceux qui sont en voyage d'agrément. Dans les aéroports, les restaurants s'organisent différemment selon que les gens sont pressés ou qu'ils ont au contraire tout leur temps. Dans le domaine de l'achat d'actions, certains clients attendent un service complet de la part de leurs courtiers, tandis que ceux qui disposent de l'expertise et du temps nécessaires se chargent eux-mêmes de faire le travail sur le Web.

Une fois la segmentation déterminée, chaque aspect de la proposition de service doit être conçu pour répondre aux besoins des clients du segment choisi. Ainsi, si un restaurant d'aéroport vise une clientèle de personnes pressées, les six P du service mix doivent être définis en fonction de la valeur recherchée par les clients de la cible (menu simple, accès facile, rapidité, etc.). Mais, pour autant, le service mix ne doit pas oublier les deux autres parties prenantes. Il doit apporter de la valeur à l'entreprise et satisfaire le personnel.

L'hôpital Shouldice, un très ancien établissement privé de Toronto, traite exclusivement des patients souffrant de hernies inguinales. Il a poussé la spécialisation et la segmentation à un tel point qu'il refuse les patients en surpoids ou ceux qui présentent des antécédents cardiaques. Avec un segment aussi étroit, les décisions opérationnelles peuvent être mieux alignées sur la cible. Le traitement devient relativement standard et les chirurgiens gagnent régulièrement en efficacité, du fait de la répétition et de l'amélioration permanente de leur savoir-faire. Les patients subissent une anesthésie locale et vont s'asseoir sur une chaise roulante immédiatement après l'intervention. L'environnement est agréable et ressemble davantage à un club de loisirs où ne plane aucune odeur de désinfectant qu'à un hôpital. Les contremarches des escaliers sont moins hautes afin de faciliter le déplacement des patients. Tous les P du service mix ont été définis en fonction des besoins spécifiques de ce segment et génèrent une valeur optimale pour les différentes parties prenantes.

- La *valeur pour les clients*, c'est-à-dire le résultat qu'ils attendent, est une guérison efficace de leur hernie, une expérience peu traumatisante qui peut en outre laisser un bon souvenir (conversations avec son voisin de chambrée) et une convalescence rapide.
- La *valeur pour l'hôpital* est une réduction des coûts grâce à la standardisation des opérations et des équipements, la participation des patients et une bonne utilisation des capacités (deux patients par chambre, par exemple) et des ressources.
- Quant à la *valeur pour le personnel*, les médecins travaillent dans des conditions de travail agréables, ils voient grandir leurs enfants et obtiennent de bons résultats sur le plan technique. La valeur se distribue de manière équilibrée entre les trois parties du triangle.

Valeur pour le client

La première tâche consiste à étudier la correspondance entre les principales décisions opérationnelles du service mix et la valeur perçue par le client. Cette valeur résulte de la comparaison entre les avantages perçus et les sacrifices consentis par le client, le sacrifice le plus visible étant le fait d'accepter de payer le prix du service.

Bien sûr, le client se préoccupe avant tout du résultat qu'il souhaite obtenir avec le niveau de professionnalisme qui convient, mais il est également sensible à des éléments immatériels qui le

Valeur pour
l'hôpital

Valeur pour
le personnel

Valeur pour
les patients

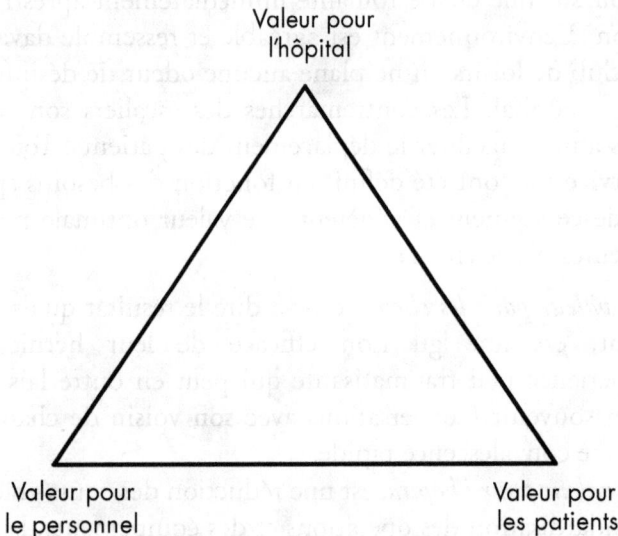

Figure 5.1 : Valeur attendue par les trois éléments
du triangle des services

rassurent et font de la rencontre un moment spécial et mémo-rable. Il peut, par exemple, apprécier la spontanéité du personnel ou le caractère permanent de la relation. Il peut également attacher beaucoup d'importance à la réactivité et à la disponibilité du personnel, ainsi qu'à la rapidité et la facilité de l'interaction. Enfin, il peut souhaiter une bonne constance des opérations d'un lieu à un autre et dans le temps. Tous ces avantages s'ajoutent les uns aux autres pour le décider en contrepartie à payer le prix du service.

Un exemple simple permet de montrer comment détermi-ner les six éléments du service mix afin de maximiser la valeur perçue des différentes parties prenantes. Rocky Aoki, le fonda-teur japonais de la chaîne de restaurants *Benihana of Tokyo*, a fait sortir le chef de sa cuisine et l'a placé sur le devant de la scène devant une table de 8 clients. Ces derniers sont supposés

© Groupe Eyrolles

vivre, pour un prix raisonnable, une expérience mémorable durant laquelle ils sont servis et divertis par le chef. Il est intéressant d'analyser comment Rocky Aoki a réussi à définir des éléments clés de sa proposition de service pour maximiser la valeur perçue par ses clients. Pour ce faire, il s'est certainement davantage fié à son intuition qu'à une analyse formelle, mais il n'en a pas moins remporté un remarquable succès. Ce succès apparaît clairement après analyse des éléments clés de sa formule :

- *le produit* : un menu simple et restreint, avec peu de variantes ;
- *l'emplacement* : les restaurants sont situés dans des quartiers très fréquentés afin de garantir une bonne utilisation de la capacité ;
- *le processus* : le chef quitte l'arrière-scène pour venir cuisiner dans la salle entre 2 tables de 8 clients et présenter un spectacle bien rôdé. Un vaste bar sert de tampon pour absorber les variations de la demande et faire patienter les clients qui attendent une table. Le bar, c'est la file d'attente, mais une file d'attente qui oublie qu'elle attend, devant une boisson !
- *les personnes* : le chef tient plusieurs rôles. Il prend la commande, il cuisine, il sert, il donne un spectacle et divertit les clients. C'est lui qui contrôle la « vitesse » de la prestation et la qualité de l'interaction. Toute l'expérience repose sur lui. N'oublions pas cependant la participation des autres clients autour des tables de 8 convives.

Nous voyons ainsi apparaître un remarquable accord entre la valeur perçue par le client (expérience, interaction, rapidité – on peut dîner en 45 minutes, réassurance…) et la formulation opérationnelle. Cet accord apparaît clairement sur une matrice où les deux dimensions – valeur pour le client et service mix – sont représentées verticalement et horizontalement (voir Figure 5.2).

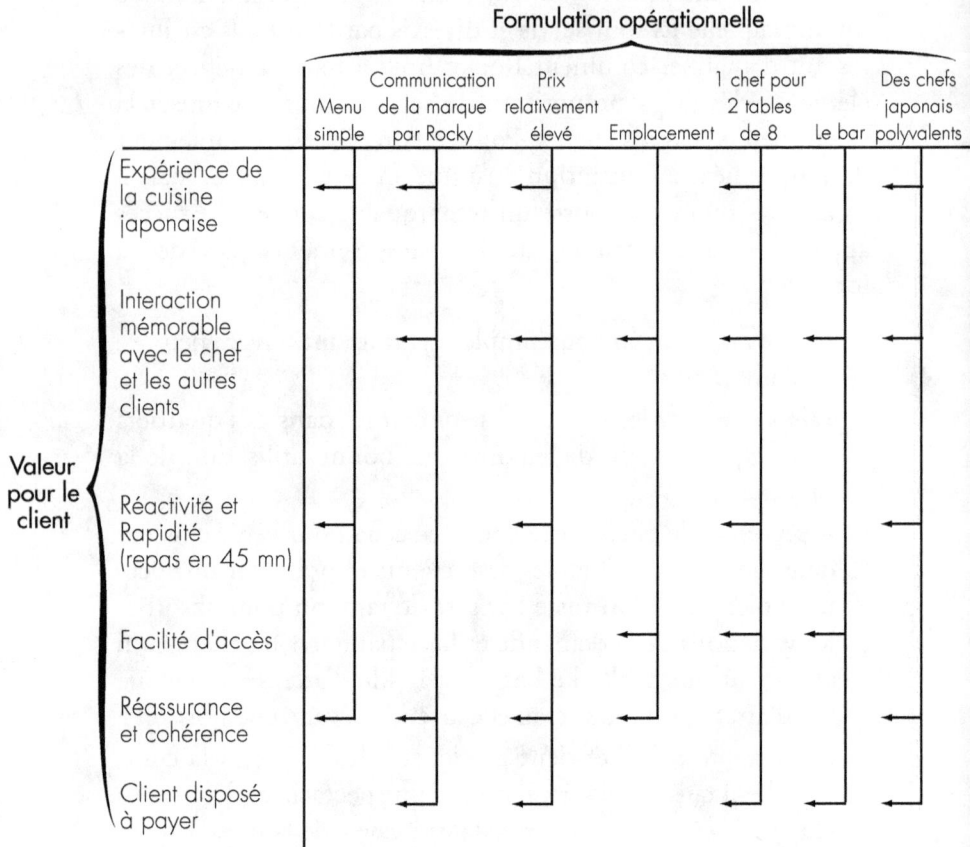

Figure 5.2 : La cohérence du concept *Benihana*

Cet accord entre la valeur perçue par le client et les décisions opérationnelles révèle toute la cohérence du concept de service de *Benihana*. C'est cet accord, cette cohérence, qui distingue les services capables de faire une percée significative.

Cette approche peut être généralisée à tout service selon la matrice suivante (voir Figure 5.3).

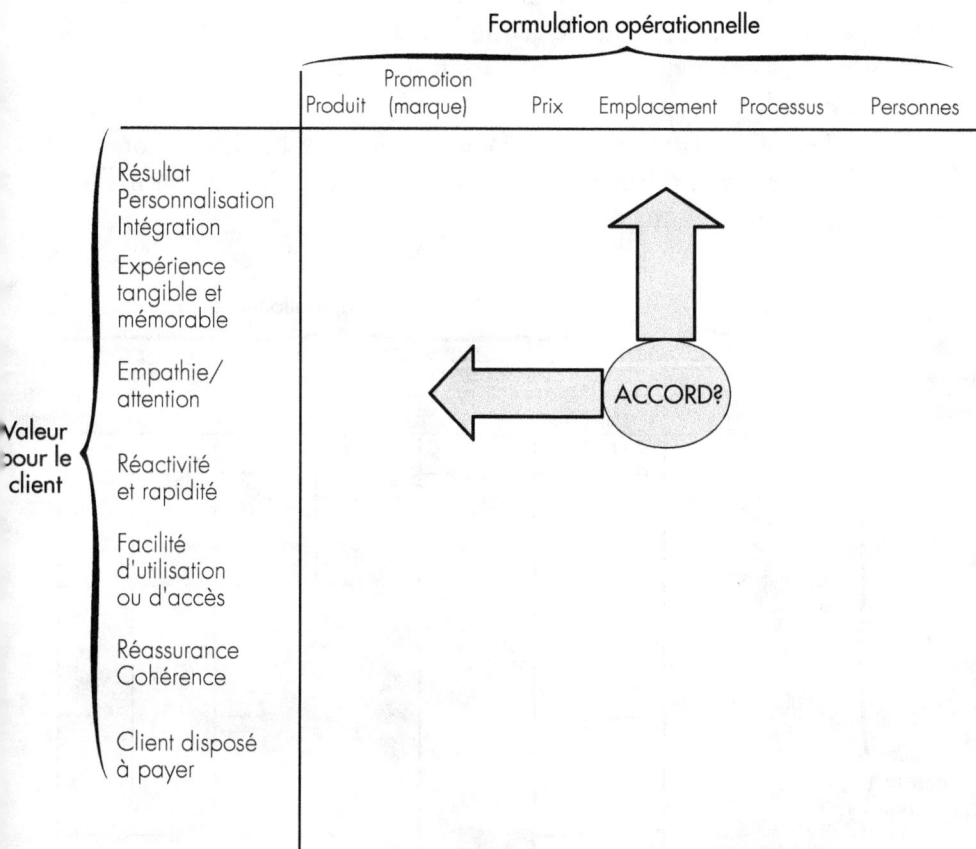

Figure 5.3 :
L'accord valeur pour le client – formulation opérationnelle

Valeur pour le personnel

Ce sont les employés qui délivrent la prestation et la commercialisent en partie. Il est donc important d'évaluer l'impact des décisions opérationnelles sur le personnel. Le choix du service mix peut avoir des répercussions sur les conditions de travail, l'évolution de la carrière et le salaire, le niveau de participation ou d'initiative. Il peut également toucher des motivations plus personnelles, telles que le sentiment d'appartenance, l'estime de soi, l'envie de développer ses propres compétences et de relever de nouveaux défis.

Là encore, la matrice de la Figure 5.4 met en lumière le bon accord entre la valeur perçue par le personnel et le service mix pour les restaurants *Benihana*.

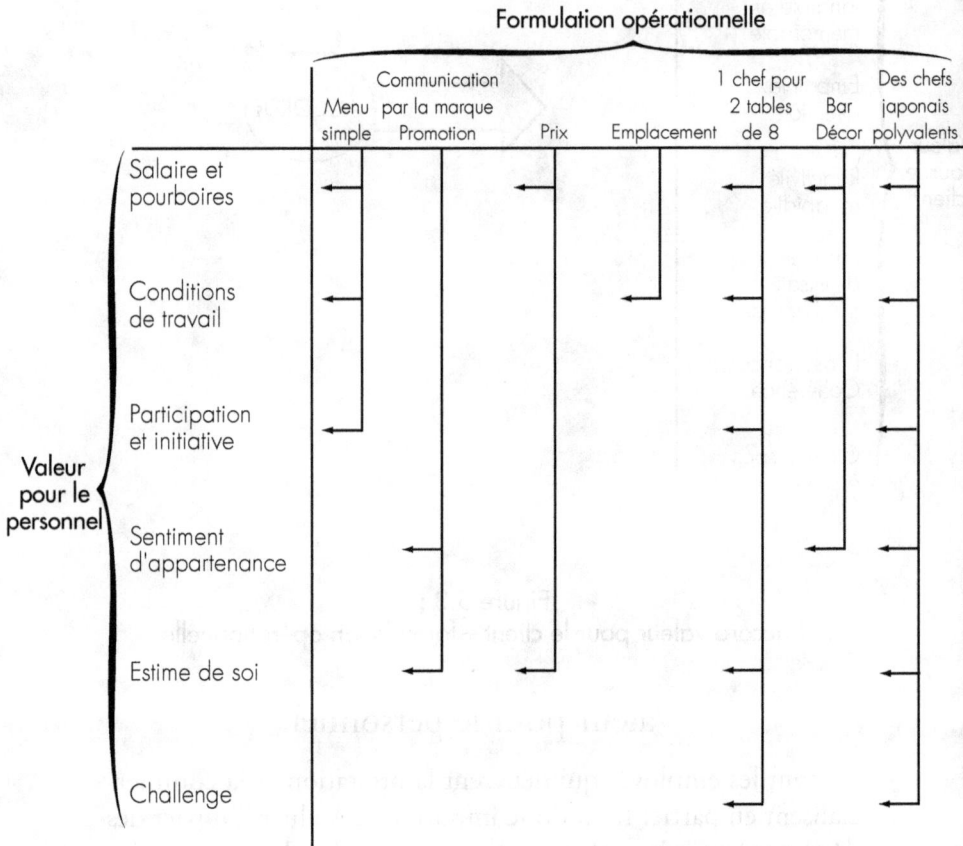

Figure 5.4 :
L'accord valeur pour le personnel – formulation opérationnelle

Le fait d'employer exclusivement des chefs japonais renforce leur sentiment d'appartenance. La multiplicité des rôles et la nécessité de présenter un spectacle de qualité sont en accord avec les préoccupations des chefs en termes de conditions de travail et de motivation.

Valeur pour l'entreprise

L'entreprise n'est pas une organisation philanthropique et la proposition de service doit donc lui apporter, à elle aussi, une certaine valeur selon trois dimensions principales : le facteur coût/productivité, l'utilisation de la capacité et les barrières d'entrée. Le choix du service mix doit aider l'entreprise à s'imposer solidement et durablement, si possible.

Dans le cas des restaurants *Benihana,* la simplicité des menus permet de maintenir les coûts bas, et de réduire les stocks et les déchets.

La productivité est obtenue par un « temps de cycle » court (le repas dure en moyenne 45 minutes), le fait de servir 2 tables de 8 (soit 16 convives) en même temps, et la polyvalence du chef qui accepte d'accomplir nombre de tâches et de tenir plusieurs rôles. Le bar qui sert de tampon permet une bonne utilisation des capacités, qu'il s'agisse de la salle et des chefs. Le fait que des clients attendent au bar signifie que la salle est pleine.

Après l'efficacité et la bonne utilisation des capacités, il faut considérer les barrières d'entrée. En effet, dès qu'un service a du succès, il est facilement et rapidement copié par une multitude de concurrents. L'entreprise ne peut pas prendre un brevet pour protéger son innovation.

Quels sont les éléments du service mix qui peuvent générer un avantage concurrentiel durable ? Le choix des meilleurs emplacements est fondamental, car une fois installé sur un site stratégique, la concurrence ne peut plus vous déloger. Le personnel est également une ressource difficile à reproduire dans la mesure où le recrutement, la formation et la motivation des chefs demandent du temps. Enfin, la cohérence proprement dite, c'est-à-dire l'intégration des différents moments de vérité et l'association de toutes les décisions entre elles, peut constituer l'avantage le plus solide.

La matrice de la Figure 5.5 montre comment *Benihana* a réussi simultanément à réduire les coûts, à accroître la productivité et l'utilisation de la capacité, et à créer un avantage concurrentiel significatif. Remarquons que Rocky Aoki a eu l'idée géniale de sortir de l'espace traditionnel de la restauration en mariant le restaurant et le spectacle. Il a su créer ce qu'il appelle le « eater-tainment », mariant « eating » et « entertainment », un nouvel espace conjuguant la restauration classique avec le divertissement. Il a pu sortir de l'espace violemment concurrentiel de la restauration classique (un océan rouge de sang) pour aller vers un espace moins visité (un océan bleu et plus tranquille)[1].

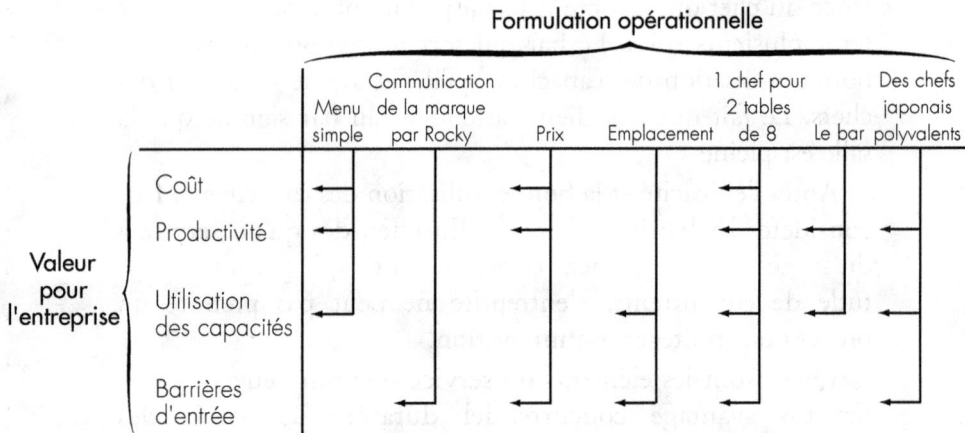

Figure 5.5 : Optimiser la valeur pour l'entreprise

Le bon accord

Pour réussir une percée et lancer une proposition gagnante, le service mix doit réaliser un bon équilibre entre les valeurs perçues par les trois parties prenantes : l'entreprise, le personnel et les clients. Cela apparaît clairement sur le triangle des services (voir Figure 5.6).

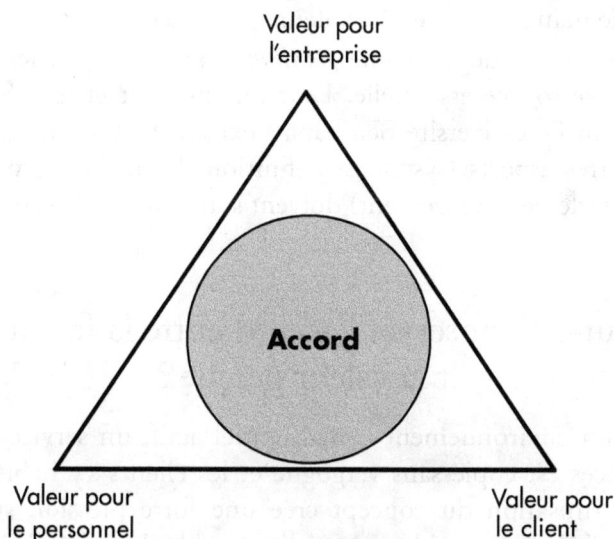

Valeur pour
l'entreprise

Accord

Valeur pour
le personnel

Valeur pour
le client

Figure 5.6 : Valeur pour les 3 éléments du triangle des services

De la proposition de service à la prestation réelle

L'étape suivante consiste à développer et à organiser les ressources et les capacités nécessaires pour fournir le service promis à un prix intéressant. Pour maximiser sa marge, l'entreprise doit réduire ses coûts et optimiser l'utilisation de ses capacités. Elle doit trouver le bon équilibre entre les activités d'avant-scène et d'arrière-scène à différents moments de vérité et en différents lieux. Elle doit également trouver l'équilibre entre la demande et la capacité (sujet qui sera abordé dans le chapitre 7). N'oublions pas que les économies d'échelle se font dans l'arrière-scène. À l'avant, la qualité de la prestation repose beaucoup sur l'interaction des différents acteurs. La sélection et la formation du personnel et des clients revêtent donc la plus haute importance. Leur motivation et leur fidélité dépendront fortement des systèmes et procédures mises en place, du style de management et des valeurs partagées.

Dans le cas de la chaîne *Benihana*, par exemple, les chefs sont la ressource essentielle. Leur recrutement et leur formation dans l'« Université Benihana » exigent le plus grand soin. Les autres aspects (systèmes, définition des tâches et polyvalence, style de management) doivent soutenir le rôle central du chef.

Peut-on conserver l'accord entre la formule et la valeur perçue ?

Dans un environnement concurrentiel actif, un service qui a du succès est copié sans vergogne et les clients s'y habituent. L'uniformisation du concept crée une forte pression sur les prix et il devient rapidement indispensable de redéfinir la formule, de recomposer le service mix pour recréer de la valeur et sortir de l'enfer de la banalisation.

Mais il y a là un paradoxe : plus l'accord est cohérent et solide, plus il est difficile de le remettre en cause et de le faire varier. Une solution consiste à demeurer sur le même marché et à rechercher un « plus », un avantage concurrentiel qui puisse faire la différence. Malheureusement, si les concurrents sont actifs sur ce marché, ce nouvel élément sera rapidement copié et de toute façon, une fois l'effet de nouveauté passé, il deviendra chose courante. Dans le domaine de la restauration, la solution habituelle consiste à renouveler régulièrement le menu, à rénover l'établissement ou à simplifier la proposition de service. C'est l'une des directions prises par la chaîne *Benihana of Tokyo* aux États-Unis, en lançant une nouvelle formule. Les « Benihana-grills » sont une version simplifiée du concept original dans un espace plus petit dont la construction coûte le tiers du coût des restaurants traditionnels.

Une autre solution consiste à créer une toute nouvelle proposition de service en sortant du marché existant et de la concurrence habituelle, en inventant de nouvelles règles de jeu (encore une fois, sortir de l'océan rouge du sang de la lutte contre les requins de la concurrence pour aller vers les eaux calmes d'un océan bleu moins menacé ![1]). Ainsi, *Benihana* a introduit aux États-Unis un « nouveau » concept situé entre le bar et le restaurant (c'est en fait un vieux concept importé du Japon). Dans les « Sushi Doraku » (nom qui signifie en japonais « le délice du sushi »), les clients sont assis autour d'un grand comptoir de marbre et se servent eux-mêmes en prenant une assiette de sushi qui circule devant eux sur un ingénieux tapis roulant qui fait le tour du comptoir. Une multitude de plats combinant poisson frais, crustacés, riz et légumes défilent ainsi devant les convives qui font leur choix au fur et à mesure. Les couleurs des assiettes correspondent à un prix donné et la facture est calculée en additionnant le prix des différentes assiettes vides que le client a mis de côté. Avec ses bars à sushi, *Benihana* a pu repousser les limites de son espace marché créé plus de 30 ans plus tôt.

Le cycle de valeur

Le diable est dans le détail. Dans la mesure où un détail peut faire la différence dans un marché offrant des services de plus en plus similaires, il est essentiel de bien observer le comportement du client afin de bien comprendre comment lui apporter de la valeur à chaque moment de vérité, tout au long du « cycle d'activité client »[2] que nous appelons également « cycle de valeur client ». La Figure 5.7 donne un exemple d'un cycle de valeur pour un hôtel classique.

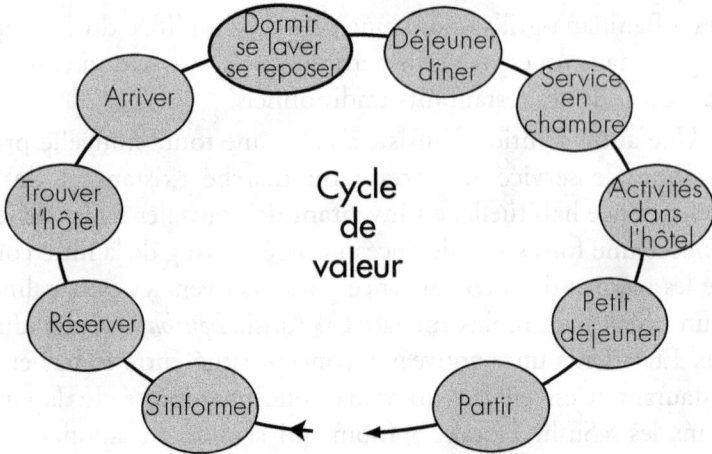

Figure 5.7 : Cycle de valeur d'un hôtel classique

En face des besoins client à chaque moment de vérité, il est possible de faire figurer une proposition de service. Quelles activités proposer, avec quel niveau de personnalisation et d'interaction, avec quel niveau de participation du client ? À chaque moment de vérité, combien d'avant-scène proposer ?

Dans le secteur des hôtels de luxe, par exemple, le service se veut complet et couvre l'ensemble des besoins que nous avons recensés sur le cycle. Quand il s'agit d'hôtels bon marché, en revanche, seuls les services les plus élémentaires seront proposés : l'interaction en avant-scène est réduite au minimum et on a recours à la coproduction aussi souvent que possible (voir Figure 5.8).

La proposition de service est ainsi élaborée étape par étape en étudiant ce que les clients cible attendent à chaque rencontre, et en définissant ce qui leur sera proposé. Lorsque les clients arrivent à l'hôtel, par exemple, le choix des offres est

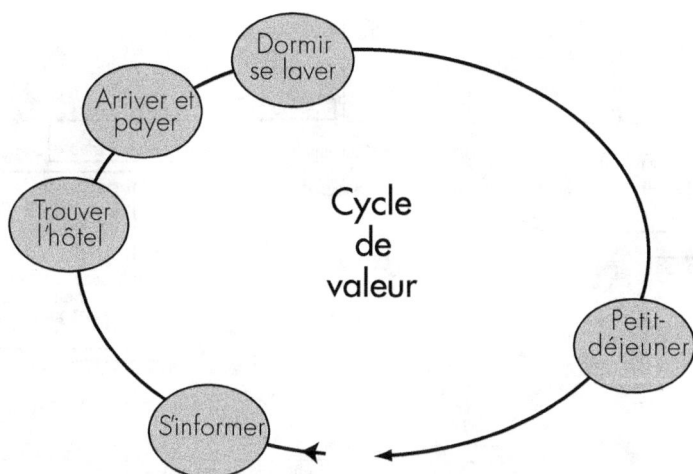

Figure 5.8 : Cycle de valeur d'un hôtel à petit budget

très vaste : certains souhaitent être accueillis jour et nuit par un réceptionniste qui les reconnaîtra et se souviendra de leurs préférences, tandis que les voyageurs « fonctionnels » se contenteront d'une machine qui enregistrera les informations nécessaires à partir d'une carte de crédit, puis leur délivrera une clef en plastique pour accéder à leur chambre. Avec un petit-déjeuner en self-service, ils auront peu de chance de rencontrer âme qui vive.

Sur la Figure 5.9, nous avons fait figurer en face des besoins client, les services offerts dans un hôtel de grand standing sur un cycle complet.

Le choix est heureusement limité par « l'éducation et l'apprentissage » des clients et leurs habitudes culturelles. Chaque décision a une incidence sur les capacités, les ressources et les systèmes mis en place, et donc sur le prix de la proposition après intégration de tous les éléments. Comme indiqué plus haut, il faut donc trouver un équilibre entre la valeur pour le client, la valeur pour le personnel et la valeur pour l'entreprise.

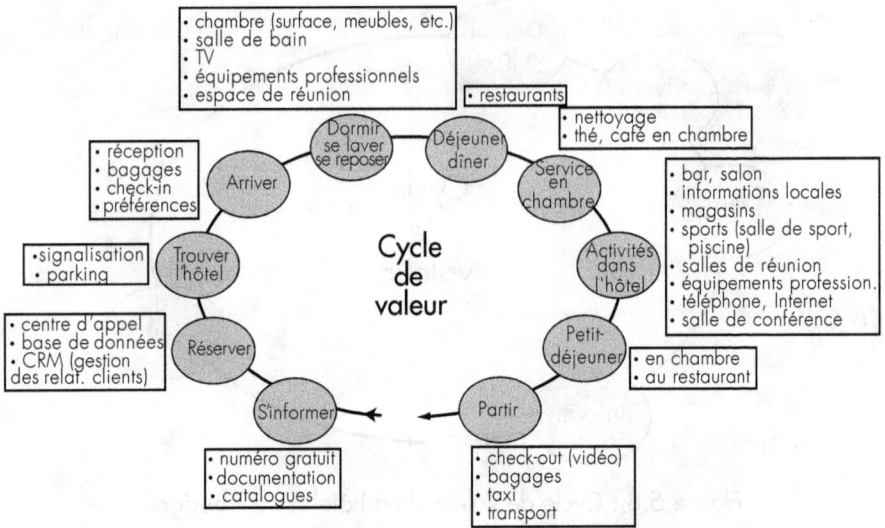

Figure 5.9 : Hôtel avec service complet

Créer des éléments de différenciation sur le cycle de valeur

Le cycle de valeur est un instrument efficace pour définir à chaque moment d'interaction comment donner plus de valeur pour le client tout en réduisant les coûts. Nous ne sommes pas loin de l'analyse de la valeur, cette bonne vieille méthode fréquemment utilisée par les ingénieurs en conception produit. Il s'agit d'effectuer cette analyse systématiquement tout au long du cycle. Chaque élément de la proposition est pesé afin de déterminer s'il peut être éliminé ou réduit (il n'apporte pas de valeur au client), s'il doit être amélioré et développé, ou si un nouvel élément doit être imaginé afin de créer une différence déterminante.

Dans l'hôtellerie à petit budget, les hôtels « Formule 1 » ont su se démarquer de leurs concurrents en se concentrant sur quelques interactions clés et en offrant un résultat supérieur à ces moments de vérité. Cette chaîne d'hôtel a connu un développement remarquable en se focalisant sur des différences marquantes et significatives pour le segment considéré.

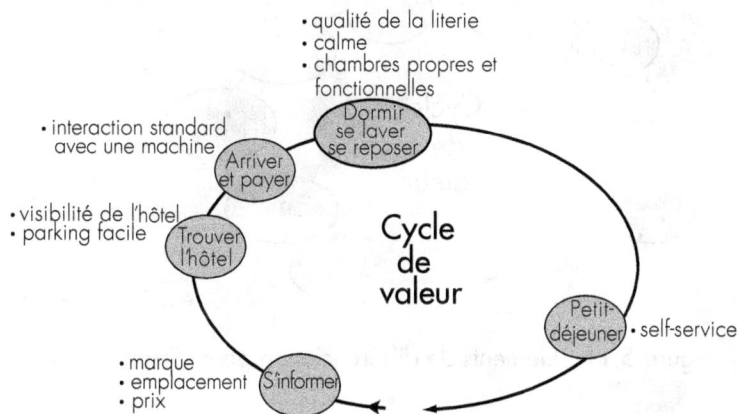

Figure 5.10 : Hôtels Formule 1

Les interactions clés représentées sur la Figure 5.10 sont soutenues par de solides éléments du service mix :

- une marque connue ;
- de bons emplacements ;
- hôtels construits à partir de modules préfabriqués en blocs de 4 chambres pouvant se superposer comme des cubes ;
- possibilité d'accroître la capacité par simple ajout de nouveaux modules ;
- organisation de l'arrière-scène et des systèmes de support (économies d'échelle) ;
- gestion de l'hôtel assurée par un couple marié chargé de recruter et de gérer quelques employés à temps complet ou partiel, selon le cas.

Le même cycle de valeur montre comment Richard Branson a essayé de créer des éléments de différenciation critiques et visibles pour la compagnie Virgin Atlantic Airlines.

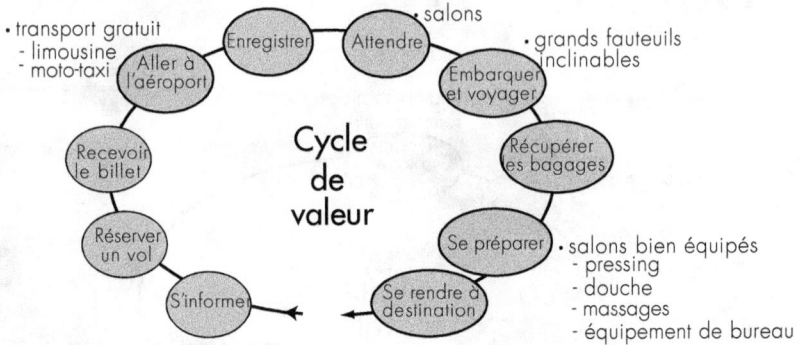

Figure 5.11 : Éléments de différenciation pour Virgin Atlantic

Richard Branson a-t-il créé une différenciation durable ? Les clients sont-ils prêts à en payer le prix à long terme ? La plupart des compagnies aériennes offrent maintenant le même type de service. Les bonnes idées finissent toujours par être copiées et il faut alors trouver de nouvelles idées pour recréer de la valeur ou réduire les coûts. L'entreprise doit rester sans cesse en mouvement pour ne pas risquer de tomber.

Conclusion

La stratégie opérationnelle consiste à définir les éléments clés du service mix afin d'optimiser la valeur pour le client, le personnel et l'entreprise. Il est important de se concentrer sur des avantages concurrentiels durables en descendant cette analyse au niveau des principaux moments de vérité sur le cycle de valeur. L'étape suivante consiste à déduire de cette analyse les ressources, les capacités, les systèmes et les processus nécessaires.

Chapitre 6

Les écarts de qualité

La qualité d'un service et la qualité d'un produit sont deux notions qui diffèrent selon l'importance prise par l'interaction avec le client. Et, malgré tout le soin apporté à la conception du service sur le papier et à la délivrance de la prestation sur le terrain, ce que perçoit le client est souvent bien loin de la proposition originale. Là encore, le triangle des services se révèle un excellent moyen pour mettre en évidence les écarts de qualité.

L'écart de conception

Le concept de service, né d'une analyse des besoins d'une cible déterminée de clients actuels ou potentiels, est transformé en une proposition formulée au départ selon le service mix et l'analyse du cycle de valeur.

Tout ceci peut être schématisé par un carré situé au sommet du triangle des services. Pourquoi un carré ? Parce que l'offre a été conçue par des personnes « carrées », des techniciens, des analystes qui l'ont mise en boîte selon des normes bien calibrées et des mesures quantifiées, autant que faire se peut. Bien entendu, il subsistera toujours un décalage entre cette offre « carrée » et la demande fluctuante, variée et changeante du client individuel que nous avons représentée par un cercle.

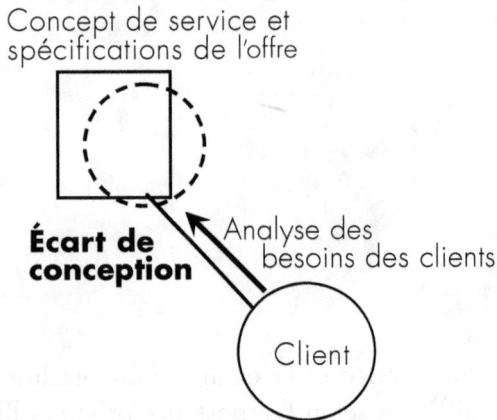

Figure 6.1 : Écart de conception

L'écart de délivrance ou de conformité

Les employés ou les professionnels vont maintenant délivrer la prestation à des moments de vérité spécifiques, dans le périmètre du carré ainsi défini, et conformément aux règles de leur profession. Ils le feront avec plus ou moins de succès. L'écart sera négatif si la délivrance n'est pas à la hauteur des spécifications ou de l'état de l'art, et il sera positif si l'employé fait un effort supplémentaire pour donner un plus au client ou si le professionnel réussit de petits miracles pour s'adapter à la situation.

Les grosses erreurs ou les petits miracles sont des variantes autour du périmètre proposé. Les employés peuvent déborder du carré, mais le carré est la limite.

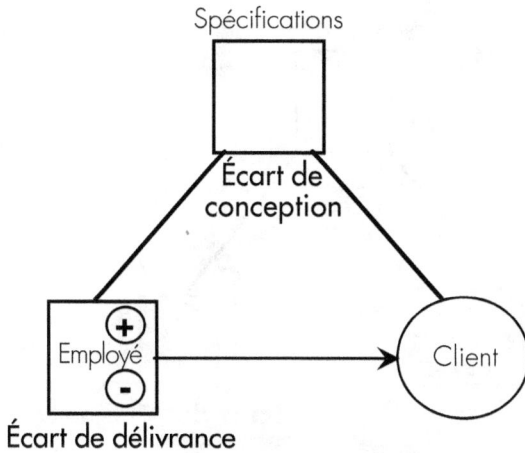

Figure 6.2 : Écart de délivrance

En demeurant à l'intérieur du carré spécifié, les employés peuvent perdre de vue les besoins des clients. Et nous savons combien ils peuvent varier ! L'orientation technique leur favorise la tâche, mais c'est parfois au détriment de la satisfaction du client particulier. Par exemple, l'utilisation de formulaires longs et compliqués peut aider un département à mieux organiser son travail, mais cette tâche supplémentaire imposée au client va certainement lui déplaire.

L'écart de perception

L'écart de perception vient du fait que le client ne perçoit qu'une partie du carré, qu'une partie de l'offre. En particulier, il n'est pas souvent capable de percevoir l'aspect technique du service.

Par exemple, un médecin se préoccupera avant tout de l'aspect opératoire du traitement tandis que le patient réagira davantage à la relation et au résultat final : qualité de vie après le traitement, rapidité de la convalescence et explications en termes compréhensibles.

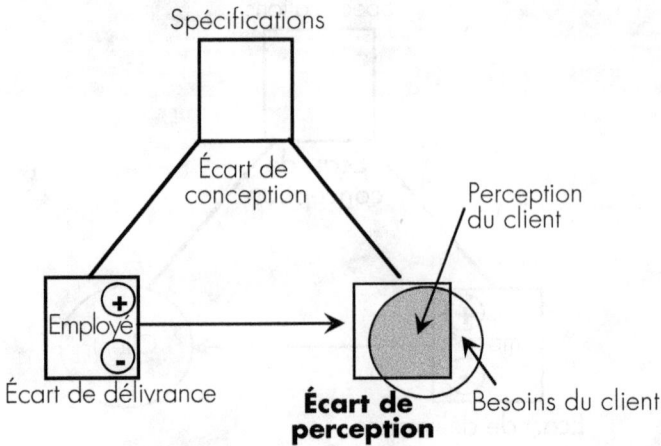

Figure 6.3 : Écart de perception

La qualité est avant tout ce que les clients voient et perçoivent. Leur perception est leur réalité. Ce qu'ils ne perçoivent pas n'a que peu de valeur et ils ne sont donc pas disposés à en payer le prix. Ils seront conduits, pour mesurer la valeur du service, à faire le rapport entre les avantages et les sacrifices perçus. Notons que les sacrifices ne concernent pas que le prix qu'ils sont prêts à payer, mais également le temps passé ou les efforts à consentir.

Les filtres de perception

La perception n'est pas un processus direct et prévisible. Elle est déformée par le passage à travers une série de filtres et de préjugés (voir Figure 6.4).

Cadre de référence

Nous regardons le monde à travers des yeux et un cerveau qui nous sont propres et qui forment nos impressions et nos représentations. Nous développons notre propre grammaire pour interpréter le monde avec notre langue, notre culture et selon notre expérience vécue et notre mode de vie. Nous sommes par exemple optimistes ou pessimistes, extravertis ou introvertis, visionnaires ou préoccupés par des détails matériels. Et ces traits sont renforcés par l'habitude. Nos cadres de référence s'accordent mieux avec ce qui nous est familier surtout s'il s'y attache une signification émotionnelle.

Biais de confirmation

Nous voyons ce que nous croyons. Nous avons tendance à chercher une confirmation de nos opinions et à nous y accrocher, notamment lorsque ces opinions sont renforcées par notre entourage. Nous rassemblons des informations conformes à nos convictions en éliminant, en niant ou en ignorant ce qui les contredit. Ces convictions naissent fréquemment de premières impressions ou sont gravées par des expériences ou des souvenirs vivaces, chargés émotionnellement.

Le premier contact, par exemple, est particulièrement important. Les maîtres d'hôtel savent bien que lorsqu'un client s'assoit mécontent, il va créer des problèmes et se plaindre toute la soirée. Dans certaines organisations, le réceptionniste est appelé « directeur des premières impressions ». Une fois qu'un client s'est forgé une opinion, elle risque de rester ancrée dans son esprit.

Généralisation excessive et catégorisation

Nous avons tendance à intégrer, condenser et catégoriser nos perceptions pour former des représentations plus simples et des jugements généraux. C'est tout ou rien. C'est noir ou blanc. Nous aimons ou nous n'aimons pas.

Un service est constitué de nombreux moments de vérité, mais du fait de la capacité d'intégration de notre esprit, nous formons une impression unique et globale, en comblant les vides. C'est le principe du compte bancaire : lorsque le travail est bien fait, nous créditons le compte, mais en cas d'erreur, nous le débitons – mais, attention, un débit pèse beaucoup plus qu'un crédit ! Par conséquent, plus les contacts sont nombreux, plus le risque de mécontenter le client augmente.

Étant donné que beaucoup de détails sont ignorés tandis que seuls quelques-uns sont mis en valeur, nous en tirons rapidement une conclusion définitive. La première impression, la dernière impression ou le souvenir d'une émotion peuvent teinter l'ensemble de l'expérience. Certains éléments peuvent gonfler de manière disproportionnée et un seul point négatif peut entacher toute l'expérience. Si le caissier de ce magasin s'est montré impoli, le client peut décider de ne plus jamais revenir.

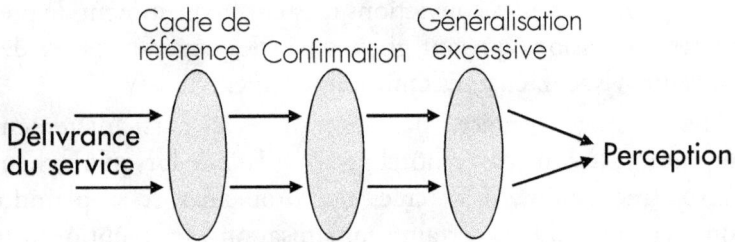

Figure 6.4 : Filtres de perception

Les attentes

Mais ce n'est pas aussi simple ! La perception du client se compare à ses attentes. Lorsque l'offre de service est communiquée aux clients, elle génère des attentes. Bien entendu, l'entreprise va privilégier certains aspects du service et ses promesses seront souvent liées à des aspects tangibles ou différenciateurs par rapport à la concurrence. Pour ce faire, elle utilisera les médias traditionnels, en s'appuyant sur une marque et une image solides.

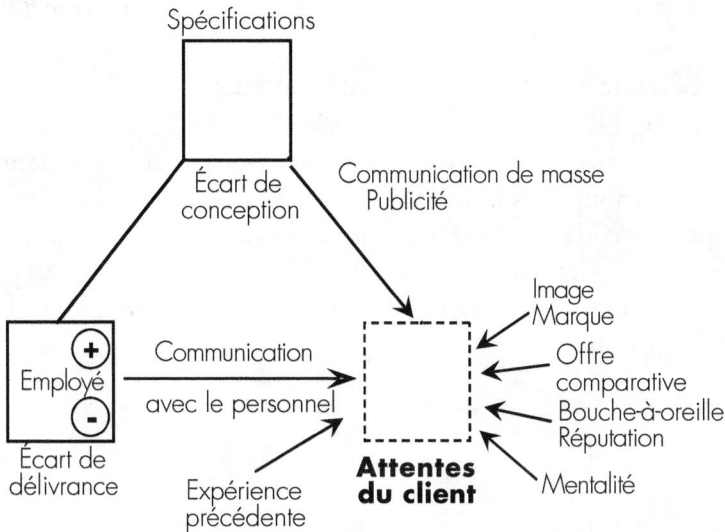

Figure 6.5 : Attentes des clients

Mais la communication la plus efficace et la plus personnalisée provient du personnel en interface et du mode d'interaction. Tout ce que l'entreprise fait ou dit en interface est une forme de communication. Même la marque en dépend. Ce qui fait la réputation d'un club de football, ce sont ses joueurs et les buts marqués. Mieux encore, le bouche-à-oreille, qui reflète l'expérience réelle d'un client, influence parfois davantage les attentes des clients que les médias classiques. Enfin, si le client a déjà utilisé le service ou testé un service analogue, cette expérience a une incidence majeure sur ses attentes.

L'écart de valeur

Ainsi, la satisfaction du client, et sa disposition à payer pour le service, est le résultat d'une comparaison entre sa perception du service et ses attentes. Malgré sa complexité, l'opération peut être résumée d'une manière très simple sous la forme d'un écart de valeur :

Écart de valeur = valeur perçue – attentes

Il s'agit d'une construction subjective, biaisée par des filtres de perception – fluctuants, parfois incohérents ou surprenants. Mais comme nous le verrons plus loin, il est essentiel d'encourager les collaborateurs à prendre conscience de cet écart de valeur. Cela les aidera à être proactifs, à chercher à améliorer la perception ou à réajuster les attentes, à promettre moins et à délivrer plus.

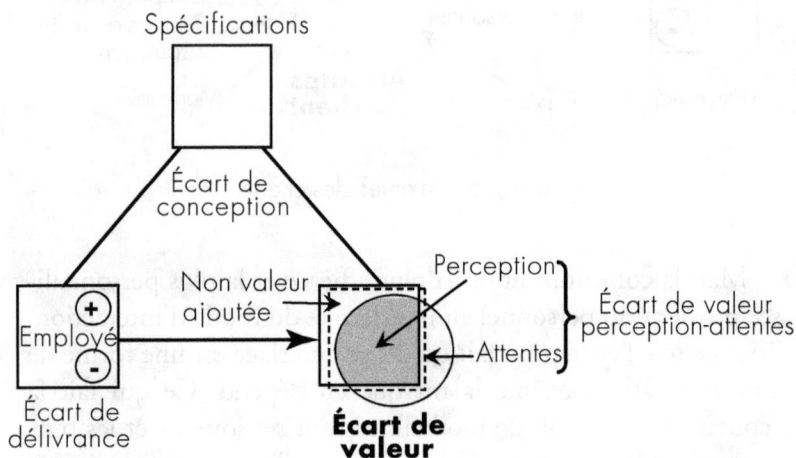

Figure 6.6 : Écart de valeur

Conclusion

La qualité du « produit » est surtout centrée sur les écarts de conception ou de conformité, mais dans l'avant-scène, la qualité du service dépend beaucoup d'un écart supplémentaire, un écart de valeur qui reste intangible et subjectif. En reliant ces trois écarts aux trois sommets du triangle des services, nous

avons une représentation simple et précieuse pour décrire la
nature spécifique de la qualité de service.

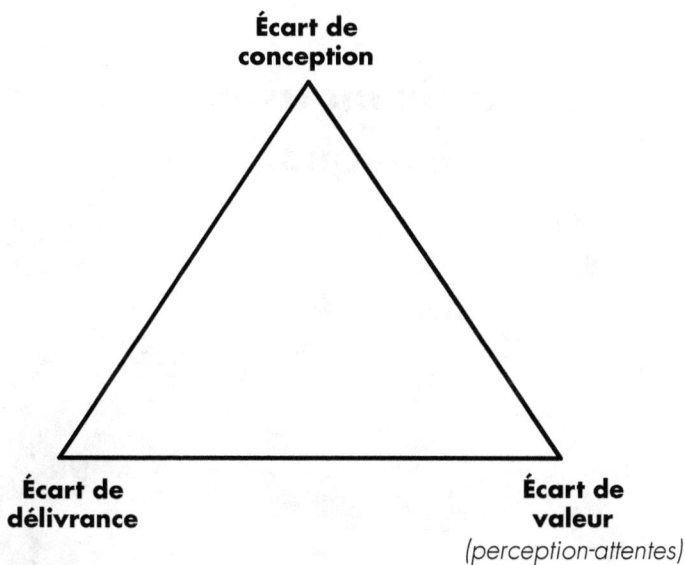

**Écart de
conception**

**Écart de
délivrance**

**Écart de
valeur**
(perception-attentes)

Figure 6.7 : Les 3 écarts de qualité

Chapitre 7

Les trois mouvements de la qualité

Toute démarche de qualité s'articule autour de trois mécanismes de base, trois mouvements qui s'emboîtent l'un dans l'autre pour générer la valeur attendue par le client. Dans ce chapitre, nous séparerons et analyserons individuellement ces trois mouvements, mais ils s'enclenchent l'un dans l'autre dans un processus de changement dynamique. Que ce processus s'appelle « Qualité totale », « Amélioration continue », « Kaizen », « Six Sigma » ou « Processus d'accélération du changement », il s'agit de la même dynamique en trois mouvements dans un nouvel emballage. Comme cette dynamique ne doit pas s'arrêter, elle doit être relancée régulièrement en changeant son nom. Ce qui compte, c'est le voyage et non la destination.

- Le premier mouvement consiste à *faire le produit bon* dans l'arrière-scène ou à assurer le service prévu sur l'avant-scène en visant le zéro défaut.

- Le deuxième mouvement consiste à *faire le bon produit ou le bon service* pour satisfaire le client, en réduisant l'écart de valeur entre la perception et les attentes.
- Ce qui déclenche le troisième mouvement, une dynamique d'alignement des processus transversaux permettant de propager la voix du client à l'intérieur de l'organisation et de la faire pénétrer transversalement jusqu'au fin fond de l'arrière-scène.

Premier mouvement : chacun est responsable de faire le « produit » bon

Opérations dans l'arrière-scène

Tout commence dans l'arrière-scène avec un produit tangible. Nous retrouvons notre représentation du carré car le produit a été conçu par des spécialistes qui ont une vision plutôt carrée et technique qui s'accommode bien des normes, des spécifications, des tolérances et des mesures quantifiées.

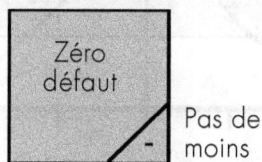

Figure 7.1 : Le zéro défaut

Faire le produit bon, c'est viser le zéro défaut, mais cela ne veut pas dire la perfection. Cela signifie simplement que les principales caractéristiques du produit resteront dans les limites de tolérance acceptées. La fabrication d'un produit est un phénomène aléatoire, et lorsque le processus de production est bien maîtrisé, les dimensions finales présentent une dispersion qui résulte de petites causes de variation aléatoires qui s'ajoutent pour aboutir à une distribution normale ou gaussienne, représentée par la courbe en forme de cloche bien connue. Les résultats se répartissent symétriquement de part et d'autre de la valeur nominale et la dispersion est mesurée par l'écart-type « sigma » (représenté par la lettre grecque σ).

Tant que les dimensions du produit restent dans les limites de tolérance définies, le produit est réputé bon. En dehors de ces limites, le produit est considéré comme défectueux et doit être mis au rebut ou réparé. (En fait, plus les caractéristiques du produit sont proches de la valeur nominale, mieux c'est. D'après Genichi Taguchi, la qualité consiste à réduire la perte infligée par le produit non seulement au client, mais aussi, à long terme, à la société. La principale cause de cette perte est la variabilité – l'ennemi numéro un. La dispersion zéro par rapport à la valeur nominale est moralement bonne.)

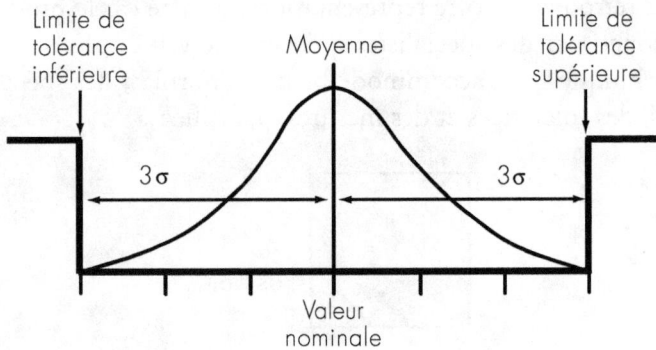

Figure 7.2 : Limites de tolérance à 3 σ (trois sigma)

Lorsque les tolérances sont définies à trois écarts-types de la moyenne, la probabilité d'avoir un produit défectueux est de 1,35 ‰ de chaque côté de la répartition. Une probabilité d'un peu plus d'un pour mille peut sembler raisonnable. Mais dès qu'il s'agit de longues séries de production, le niveau de 1 350 pièces défectueuses par million pose problème. Ce taux de

116

défectueux devient vite intolérable dans la fabrication de systèmes complexes comprenant plusieurs milliers de composants différents car les probabilités se multiplient ! Si les tolérances sont fixées à quatre écarts-types, le taux de produits défectueux descend à 30 par million (30 chances sur un million d'obtenir une pièce en dehors des limites tolérées). Mais avec six écarts standards, le taux de produits défectueux est quasiment nul : zéro défaut par million de pièces. Le rêve ! (Dans le cas d'un décalage de 1,5 σ par rapport à la moyenne – usure de l'outil, par exemple –, le taux de produits défectueux peut atteindre 3,4 pièces par million.) Le « Six Sigma », ce nouveau mot d'ordre lancé par Motorola, puis repris par Jack Welch à General Electric s'est rapidement répandu dans l'industrie, puis les services.

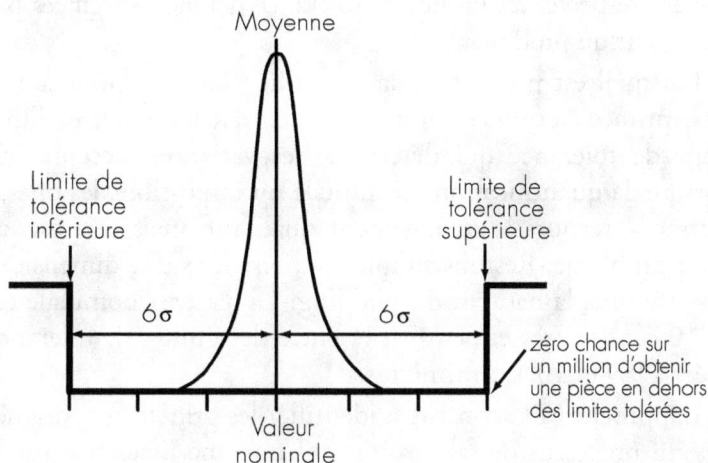

Figure 7.3 : Limites à 6 σ (six sigma)

Ainsi, la variabilité, la dispersion, devient l'ennemi numéro un dans le monde industriel. Mais comment atteindre ce niveau mythique de zéro défaut ? Peut-on procéder par échantillonnage ? Un échantillon de mille ou même dix mille aurait peu de chances de faire apparaître une seule pièce défectueuse. Peut-on opérer par inspection systématique ? On peut facilement en imaginer le coût et, dans certains cas, l'inspection conduit à détruire le produit !

Que faire ? Il n'existe qu'une seule solution : le fameux SPC, le « Statistical Process Control », ou contrôle statistique de processus, importé au Japon en 1950 par Edward Deming[1]. La révolution qualité peut se résumer alors par son mot d'ordre « Remplacez l'inspection de masse par le contrôle des processus ».

Prenons un exemple simple pour expliquer cette méthode. Imaginez que vous deviez produire quotidiennement un million de ces fameux puddings anglais traditionnels en visant le zéro défaut. Les principales caractéristiques finales de vos puddings doivent respecter les limites de tolérance définies, spécifiées par le créateur du produit.

Lorsqu'il est possible de la quantifier, chaque spécification est exprimée en termes d'une valeur centrale nominale et d'une plage de tolérance qui détermine les variations acceptables. Lorsque la quantification est difficile ou impossible, les opérateurs ont recours à un jugement qualitatif, mais ceci est un autre problème. Restons simple et choisissons une dimension, par exemple, la hauteur du pudding. La hauteur nominale est de 10 centimètres et peut varier entre des limites de tolérance fixées à 9,9 et 10,1 centimètres.

L'approche SPC consiste à identifier les principaux paramètres du processus de fabrication qui ont une incidence sur le résultat, ici la hauteur du pudding. En début de fabrication, vous êtes dans le flou et les caractéristiques finales du produit semblent influencées par un grand nombre de paramètres, mais une étude plus poussée et des essais systématiques feront émerger les quelques variables déterminantes. Le célèbre diagramme en arête de poisson, également appelé diagramme « cause-effet », permet d'isoler ces quelques paramètres décisifs qui sont généralement regroupés en cinq catégories[2] (voir Figure 7.4).

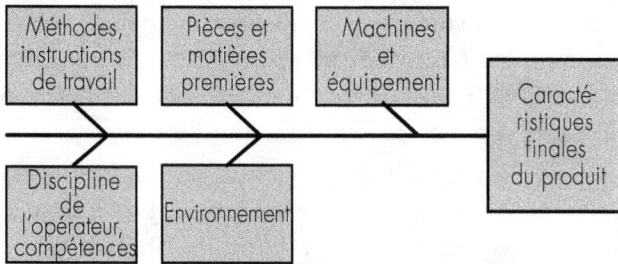

Figure 7.4 : Diagramme « cause-effet »
d'un processus d'arrière-scène

Diagramme en arête de poisson ou diagramme cause-effet

La première idée qui vient à l'esprit est de contrôler la qualité des principaux ingrédients et de soigneusement définir des limites de variation acceptables pour les matières premières. Cela requiert des essais systématiques et une analyse des corrélations entre les caractéristiques des matières premières et les caractéristiques du produit final. Le zéro défaut requiert de nombreux « essais-erreurs ». Il faut se tromper souvent pour apprendre plus vite !

L'étape suivante consiste à définir les proportions de ces ingrédients pour respecter la recette. Viennent ensuite les machines et les équipements : les variations acceptables pour la température du four ou la durée de la cuisson, par exemple. Tant que les paramètres décisifs seront maintenus dans des limites de variation définies et que l'opérateur respectera les procédures spécifiées, les caractéristiques finales du produit seront bonnes systématiquement. Il suffira de suivre le résultat sur une carte de contrôle par des prélèvements réguliers. La hauteur de notre pudding restera dans les limites et l'inspection finale sera minimale.

Le contrôle par inspection qui aurait consisté à inspecter chaque pudding a donc été remplacé par le contrôle du processus en amont. Cela nécessite un investissement en matière de prévention, de savoir-faire et d'expérimentation, mais cet investissement est largement récupéré par les économies réalisées en termes de coût d'inspection, de coût de correction ou de garantie, sans parler de la satisfaction du client.

Pour garder le contrôle du processus, les opérateurs doivent mesurer le résultat final de temps en temps. Dès qu'une caractéristique dépasse les limites de contrôle prédéterminées, ils doivent interrompre la fabrication et trouver la cause de l'écart. En d'autres termes, ils doivent trouver quel paramètre régler ou limiter pour que le résultat final se retrouve dans les tolérances. Ce faisant, ils en apprennent plus sur le processus et stabilisent ce savoir sous forme de normes, de standards ou de listes de contrôle. Ils conservent ainsi ce qu'ils ont appris et peuvent progresser à partir de là. Une dynamique d'amélioration et d'apprentissage est ainsi mise en route.

Mais qui donc a décidé de fixer la hauteur du pudding à $10 \pm 0,1$ centimètres ? Ce sont les équipes de conception. Supposons qu'ils décident, pour une raison ou pour une autre, de réduire la variation à $\pm 0,05$ centimètre. Les opérateurs devront alors procéder à de nouveaux essais afin de déterminer quels paramètres ajuster pour répondre à cette nouvelle demande. Ils procéderont par essais et erreurs et cette méthode reste la seule solution possible lorsque le processus n'est pas complètement compris.

La méthode SPC (Statistical Process Control) a l'inconvénient de paraître assez technique et de parler un langage statistique exotique qui décourage les patrons qui préfèrent parler la langue de l'argent et des résultats commerciaux. Les consultants ont donc eu recours à un concept beaucoup plus tangible pour démontrer que la prévention est une solution économique valable. Phil Crosby[3], par exemple, a utilisé la

notion de « coût de la qualité » ou plus précisément de « prix de non-conformité ». Comme le montre cet exemple simple, les normes et les procédures ne sont jamais définitives. Elles doivent faire l'objet de réglages, de mises à niveau et de validations régulières de la part de tous les intervenants. Ainsi, la solution de notre défi, le zéro défaut, passe par la prévention et l'amélioration de connaissances à chaque étape du développement, depuis la conception jusqu'à l'après-vente. Chacun est responsable de la qualité et du contrôle de ses propres processus.

Il ne s'agit pas de la traditionnelle méthode de réduction uniforme des coûts à travers toute l'organisation – à l'image d'un fromage dont on coupe une tranche d'égale épaisseur. L'idée est plutôt d'investir en amont en prévention afin de réduire les coûts d'inspection et de correction dans les étapes en aval. Le « coût de la qualité » se décompose en quatre coûts :

- *coût de prévention* : revues de projets, revues de conception, validation, formation, maintenance, projets d'amélioration, préparation d'essais, procédures opérationnelles, instructions, etc. Ces coûts concernent l'apprentissage, l'anticipation et la connaissance des processus ;
- *coût d'évaluation* : tests, inspections, audits, comptes rendus, évaluation des fournisseurs, certification, etc. ;
- *coût de correction* : rebut, travail à refaire, temps perdu, retours, capacité inexploitée, modifications en conception ou en industrialisation ;
- *coût de garantie* : retours, rappels, réclamations, remplacements, indemnités, service après-vente, réparations sous garantie, responsabilités liées au produit, etc.

Le prix total de non-conformité correspond à la somme de ces quatre coûts. Il peut dépasser 20 % du chiffre d'affaires dans les entreprises qui commencent à prendre conscience du

© Groupe Eyrolles

problème. Un véritable trésor caché puisqu'en investissant dans la prévention, elles peuvent réduire de façon significative le coût total de la qualité (voir Figure 7.5).

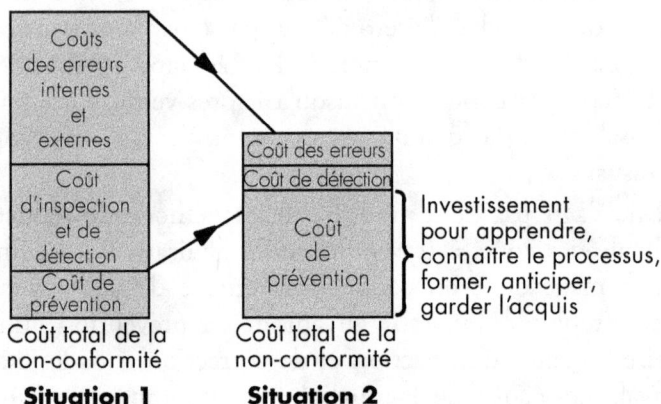

Figure 7.5 : Coûts de la non-conformité
avant et après investissement en prévention

Et si vous n'étiez pas convaincu, un simple exemple va mettre en lumière l'intérêt de la prévention. Supposons que le coût permettant d'éviter l'introduction d'une résistance défectueuse dans un équipement ou une machine soit arbitrairement fixé à 1 (coût d'inspection de la matière première ou des composants). Si cette résistance est soudée sur un circuit imprimé, le coût de la détection et de la réparation peut être jusqu'à 10 fois supérieur (temps passé à diagnostiquer et à résoudre le problème). Si le défaut n'est décelé qu'au moment de l'inspection finale, le coût peut encore être multiplié par 10. Et si le produit tombe en panne alors qu'il est utilisé par le client, le coût de la réparation peut une fois de plus être multiplié par 10. Ainsi, en investissant 1 en prévention, il est possible de diviser par 1 000 les coûts de détection et de correction.

En conclusion, pour faire le produit bon dans l'arrière-scène, il faut appliquer le principe de prévention. Chacun est responsable de connaître et de contrôler son processus opératoire, mais également de l'améliorer et de mettre régulièrement à jour les nouveaux savoir-faire sous forme de normes, de standards et de procédures, de modes d'action.

Opérations sur l'avant-scène

Comment ce contrôle de processus s'applique-t-il sur l'avant-scène ? Il s'applique de la même façon, mais d'importantes sources d'incertitude apparaissent sur les diagrammes « cause-effet » régissant chaque moment de vérité.

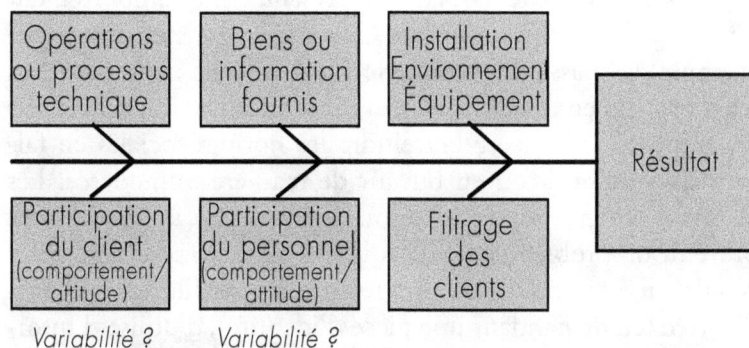

Figure 7.6 : Diagramme en arête de poisson
d'un processus d'avant-scène

La cohérence de la prestation dépend de la stabilité de comportement des acteurs et en particulier de l'homogénéité de la cible de clients. Autrement dit, les clients constituent une « matière première » autrement plus imprévisible et réactive que les matières premières de l'arrière-scène. Leur comportement et leur participation peuvent évoluer rapidement et de manière inattendue pendant l'interaction. Il en est de même pour le comportement des employés.

Filtrage des clients

Les matières premières inspectées au début d'un processus de fabrication doivent répondre à des normes précises. De la même manière, les clients qui entrent sur l'avant-scène doivent être filtrés et préparés afin de bien maîtriser l'interaction.

Ce filtrage peut être réalisé à l'aide d'indications appropriées ou de signes non ambigus : par exemple, certaines activités sont exclusivement réservées aux membres d'un club ; dans certains restaurants, le port de la cravate est obligatoire ; les étudiants sont filtrés par des examens ; les patients d'un hôpital sont physiquement et mentalement préparés à l'intervention qu'ils doivent subir.

Mais certains clients peuvent présenter un comportement inacceptable ou exprimer des demandes irraisonnables (par exemple, les passagers d'un avion qui veulent conserver tous leurs bagages en cabine). Ils peuvent se montrer impolis envers les employés ou encore enfreindre les normes sociales en faisant trop de bruit ou en buvant de manière immodérée. Les clients n'ont pas toujours raison et, dans ce cas, mieux vaut prévenir un problème que d'avoir à le résoudre plus tard. Pour ce faire, il est conseillé de mettre en place un filtrage au point d'entrée (en demandant une pièce d'identité), d'utiliser l'information disponible afin de repérer les contrevenants récidivistes, de rappeler les règles de sécurité ou de bonne utilisation des équipements, voire même d'appliquer des sanctions (dépôts de sécurité ou contrats).

Maîtriser les comportements et les attitudes

La prestation d'un service standard est strictement définie et les attentes du client sont limitées. Dans les restaurants McDonald's, l'interaction avec le personnel d'avant-scène est minutieusement détaillée et des standards spécifiques règlent l'ordre et la présentation des produits, définissent les méthodes d'accueil ou les uniformes. Quant aux clients, ils ont été « éduqués » et ont appris à restreindre leurs demandes.

McDonald's peut donc garantir conformité et cohérence. Certaines règles, telles que le nombre de minutes au bout duquel un hamburger invendu doit être jeté, sont obligatoires et sans équivoque, tandis que d'autres, concernant notamment l'amabilité et la politesse, restent malgré tout plus personnelles.

La standardisation a néanmoins ses limites. Les organisations bureaucratiques rêvent d'avoir des clients qui savent exactement à quoi s'attendre et des employés qui travaillent selon des règlements qui leur laissent aussi peu de latitude que possible. Les procédures ont l'ambition de couvrir toutes les situations possibles et le personnel est formé pour délivrer un service réglementé et fixé. Mais les clients n'apprécient guère ce mode inflexible et, inévitablement, au moment de l'interaction, ils font pression pour obtenir un traitement spontané et plus individualisé. Mais, si l'organisation n'a pas de mécanisme d'apprentissage pour absorber cette amélioration, elle n'apprend pas et ce progrès reste local.

Dans un centre d'appel, les principales variables contrôlant l'interaction sont, soit aisément mesurables (vitesse de réponse ou taux d'abandon), soit plutôt d'ordre qualitatif (précision de la réponse ou politesse). Elles sont représentées sur le diagramme « cause-effet » de la Figure 7.7.

Pour contrôler les variables qualitatives, un inspecteur qualité ou un chef d'équipe doit écouter certains appels afin d'évaluer le professionnalisme ou la politesse des réponses, l'objectif étant de faire part de ses commentaires à l'employé pour l'aider à s'améliorer. Mais, dans ce cas précis, contrôler le processus revient à contrôler le comportement des personnes et certains employés n'apprécient guère ce type de supervision.

Plus le service se personnalise et se professionnalise, plus les règles doivent s'assouplir et prendre la forme de protocoles, de principes, de devises qui guident le travail et indiquent les objectifs à atteindre, ou encore de valeurs plus abstraites. La qualité de service dépend alors davantage des valeurs inculquées, ou acceptées, du professionnalisme et des compétences que de règles ou de standards.

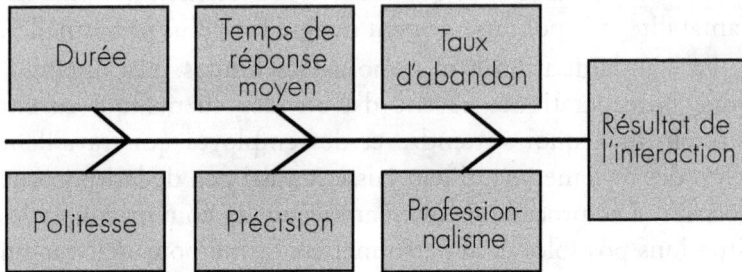

Figure 7.7 : Contrôle de processus dans un centre d'appel

Lorsqu'ils sont communiqués, expliqués, enseignés, pratiqués de manière cohérente, ces principes et ces valeurs donnent davantage d'autonomie au personnel d'avant-scène. Chez Federal Express, par exemple, le slogan « Absolutely, positively overnight » (Absolument, positivement dans les vingt-quatre heures) pousse souvent les employés à se dépasser pour mieux servir leurs clients. Dans les hôtels Ritz-Carlton, la devise « Nous sommes des gens de bien au service de gens de bien » ou la directive « Les hôtels Ritz-Carlton sont des lieux privilégiés où notre plus noble mission est de veiller au confort authentique de nos clients » illustrent la culture forte et cohérente qui est développée dans chaque établissement.

Ainsi, dans l'avant-scène, la réponse se trouve encore dans la prévention. Quand il s'agit d'attitude, de comportement et de professionnalisme, la solution consiste à investir de manière significative dans la sélection et la formation du personnel et des clients.

Deuxième mouvement : chacun est responsable de faire le bon produit ou d'assurer le bon service

Le décor est planté. Les acteurs ont appris leurs rôles et sont prêts à les jouer. Le client entre en scène. La valeur apparaît à l'intersection de la prestation du service et de la perception du client, à l'intersection du carré du script et du cercle des attentes et exigences du client. C'est en le mangeant que l'on sait ce que vaut le pudding ! Une quadrature du cercle en quelque sorte, impossible bien sûr, mais il s'agit simplement de faire mieux que les concurrents.

Figure 7.8 : C'est en le mangeant que l'on sait ce que vaut le pudding !

Comment le personnel d'avant-scène va-t-il réaliser la quadrature du cercle, maximiser la valeur perçue qui fluctue selon les attentes de chaque client et les offres concurrentes ?

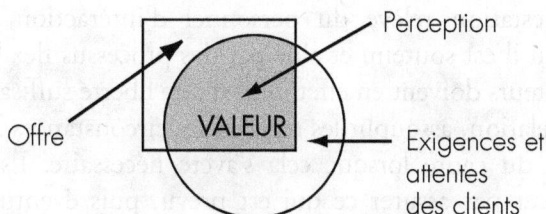

Offre — Perception — VALEUR — Exigences et attentes des clients

Figure 7.9 : La quadrature du cercle

Comment peut-il influencer l'écart de valeur entre la perception et les attentes ?

En fait, il dispose de trois leviers pour gérer la satisfaction du client : délivrer le bon service, amplifier la perception de ce qu'il délivre et influencer ou contrôler les attentes.

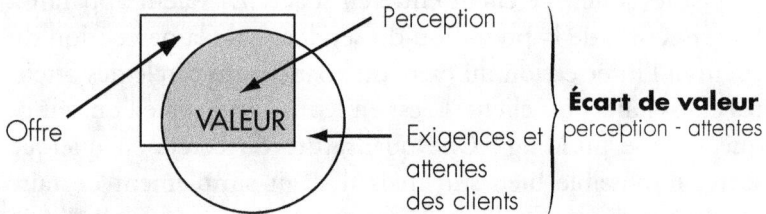

Figure 7.10 : Offrir une valeur optimale, influencer la perception et influencer les attentes

Assurer le bon service et personnaliser la prestation

Assurer le bon service, c'est fournir au client ce qu'il attend. Or, le client ne perçoit qu'une partie de ce qu'il reçoit. C'est, par exemple, le cas des professeurs ou des avocats, lorsque leur message semble désespérément ésotérique. Les professionnels se concentrent souvent sur les aspects techniques et oublient d'expliquer ou de donner au client la possibilité d'apprendre et de participer. Pourtant le client y tient beaucoup comme le rappelle la devise : « Occupez-vous du client avant de rectifier le problème ! » Explications et réassurance qu'il ne faut pas oublier de donner pour augmenter la valeur perçue.

De plus, chaque client se sent unique et la personnalisation de la prestation relève du personnel d'interaction, dans la mesure où il est soutenu et aidé par des processus flexibles. Ces collaborateurs doivent en effet jouir d'une liberté suffisante pour gérer la relation, assouplir les règles si les circonstances l'exigent, ou sortir du cadre lorsque cela s'avère nécessaire. Ils doivent commencer par assurer ce qui est prévu, puis éventuellement ajuster les normes et les processus.

Amplifier la perception

La perception est un phénomène subjectif, fluctuant et biaisé par un certain nombre de préjugés. Les impressions reçues sont filtrées par un cadre de référence formé par l'expérience. Ces impressions sont également transformées par les biais systématiques dont nous avons déjà parlé. Comme l'expérience du service est intangible, les clients cherchent à se rassurer par des explications compréhensibles ou des éléments tangibles. Ils sont en quête d'une confirmation de leurs propres idées et attentes, et ont tendance à nier ou ignorer ce qui bouscule leurs convictions. Et lorsque soudain un élément « cloche », ils donnent à l'incident une importance disproportionnée ou le généralisent de manière excessive. Un détail qui va de travers peut ainsi gâcher l'ensemble de l'expérience. En particulier, la première et la dernière impressions, ainsi que les moments émotionnels intenses, peuvent imprégner toute l'expérience. Il est donc important que le professionnel en interface prenne conscience des modes de perception de son client pour mieux mettre en valeur le service rendu.

Influencer les attentes

Ce même professionnel doit essayer de préparer les attentes de son client en définissant les grandes lignes du « contrat » qu'il passe avec lui. Une règle courante consiste à promettre moins et à donner plus. Mais les attentes sont loin d'être contrôlables et les promesses dépendent également des capacités des processus et des systèmes d'arrière-plan.

Mesurer la satisfaction du client

La satisfaction du client doit être mesurée selon ses propres termes, sa propre perception. Ainsi, au lieu de se focaliser sur la productivité technique de ses experts en assurance, la société Progressive Insurance mesure le temps qui s'écoule entre le moment de l'accident et l'arrivée de l'expert, ou entre la date de l'accident et le règlement des dommages.

Un indice de qualité du service peut regrouper les résultats des principaux facteurs susceptibles d'affecter la valeur perçue. Puisque les clients ajoutent leurs impressions pour former un jugement final, il convient de mesurer tout d'abord la satisfaction globale. Mais un instrument de mesure n'est utile que s'il est suivi d'une action. Il doit donc permettre de suivre comment se crée la satisfaction globale après chaque moment de vérité. Le voyagiste et tour-opérateur Club Med, par exemple, mesure la satisfaction des clients à différents moments d'interaction dans ses villages. Il mesure ainsi pour chaque moment des facteurs comme la tranquillité, la propreté et le confort. L'ensemble de ces informations constitue le « baromètre du village ».

Plutôt que d'essayer de deviner ce que pensent les clients, il est préférable de demander à une agence externe de les interroger et d'observer leur comportement. Dans ce domaine, les entreprises ont souvent recours à des enquêtes téléphoniques qui permettent d'obtenir des réponses rapides, relativement peu chères, et surtout moins faussées que celles obtenues par courrier ou carton-réponse. Beaucoup font également appel à des clients mystère ou des groupes de discussion (huit à dix clients sont rassemblés dans une salle et, au cours d'entretiens poussés, commentent les points forts et point faibles du service, explicitent les critères de satisfaction ou évoquent les incidents critiques). N'oublions pas l'importance de l'homogénéité du segment cible et son degré de dispersion. Il ne faut pas seulement se centrer sur le client « moyen », mais regarder aussi du côté des « cas extrêmes » et des non-clients.

Récupération du client

Toute erreur en avant-scène a des chances d'être vue ou perçue par le client. Il est donc essentiel de pouvoir la rattraper sans délai pour éviter que ce dernier n'en garde un souvenir marquant. Même si les clients n'ont pas toujours raison, ils se calment dès qu'on est prêt à les écouter et leur apporter une réponse prompte et efficace. Le mieux est de résoudre le problème à sa source, au moment où il survient avant qu'il ne se transforme en réclamation. Bien que la personne qui reçoit la réclamation n'ait pas toujours les moyens ou les ressources pour régler le problème, elle doit écouter le client, lui donner une explication claire et veiller à ce que le nécessaire soit fait en amont, en modifiant les standards si nécessaire ou en apportant une solution contingente.

L'importance de la récupération du client n'a pas échappé à la chaîne d'hôtels Ritz-Carlton qui a adopté la politique suivante : tout employé qui reçoit la réclamation d'un client en devient le « propriétaire ». Il est donc chargé de calmer le client, puis de réagir rapidement pour que le problème soit résolu dans les 20 minutes. En fait, chaque employé peut dépenser jusqu'à 2 000 $ pour apaiser un client mécontent. Il remplit ensuite un formulaire de compte rendu d'incident afin d'enregistrer la réclamation du client et la signaler aux personnes chargées de résoudre le problème de manière définitive.

Valeur du client (pour l'entreprise)

Satisfaire le client est utile dans la mesure où cela permet de le retenir et de le fidéliser. La corrélation entre la satisfaction et la fidélisation est particulièrement forte dans les entreprises où les coûts d'entrée ou de sortie sont élevés et dans le commerce interentreprises, tandis qu'elle est moins marquée pour des produits ou des services standards dans les secteurs à forte concurrence. Le modèle du « seau percé » montre bien qu'au lieu de s'épuiser à remplir le seau ou le portefeuille de contrats avec de nouveaux clients, il peut être plus intéressant et moins coûteux de conserver une clientèle fidèle et rentable en réduisant la fuite des clients « profitables » au fond du seau.

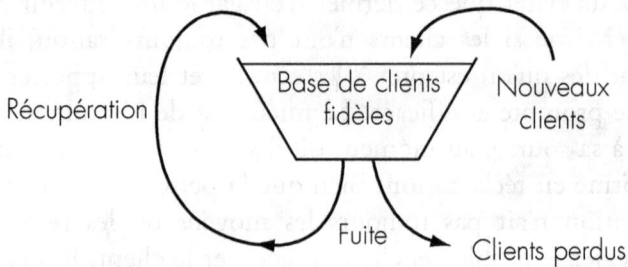

Figure 7.11 : Se concentrer sur les clients rentables

Le niveau de satisfaction permet de mesurer la fuite, mais il ne s'agit pas de chercher à fidéliser tous les clients uniformément. Il est préférable que l'entreprise se concentre sur ses clients les plus rentables car ses ressources sont limitées. Elle pourra accepter un certain niveau de fuite pour les autres clients qui seront traités normalement. Dans certains cas, il est possible de mesurer directement la fuite en comptant le nombre de contrats résiliés, les retours d'équipements, les cartes de crédit annulées ou les comptes inactifs. C'est parce qu'elle peut repérer les clients rentables qui envisagent de la quitter, que l'entreprise peut mettre en œuvre des efforts spéciaux pour les convaincre de revenir sur leur décision. Ces « déserteurs » potentiels peuvent fournir des commentaires et des informations extrêmement utiles pour améliorer le service.

C'est ce qu'explique Carl Sewell[4] :

« Vous ne souhaitez pas avoir affaire à un client une seule fois ; vous souhaitez le conserver à vie. Vous ne souhaitez pas vendre une seule voiture à un client, mais dix ou vingt dans les prochaines années… Si une voiture vaut 25 000 dollars, douze voitures valent 300 000 dollars. À cela s'ajoute le prix des pièces et de la main-d'œuvre et le total peut atteindre des sommes considérables – en l'occurrence environ 332 000 dollars. Chaque fois que vous avez l'occasion de vendre un article à un client, qu'il s'agisse d'un paquet de chewing-gum ou d'une voiture, vous devez réfléchir au potentiel de ventes qu'il représente. »

Regardons ce que représente la valeur du client pour l'entreprise. Le renouvellement des achats procure à l'entreprise le bénéfice de base du service sur la période de fidélisation, mais il faut y ajouter les bénéfices d'élargissement de la gamme. Plus les clients restent fidélisés, plus ils sont susceptibles d'acheter des services complémentaires. Et en vendant au même client, l'entreprise réduit le coût de la relation (coûts opérationnels, de vente ou de marketing). Ensuite, une clientèle stable et fidèle constitue une base solide pour le bouche-à-oreille, une forme de publicité très efficace quand il s'agit de services. Enfin, un client régulier et satisfait est moins sensible au prix. Les différents éléments se retrouvent sur la Figure 7.12 qui représente la valeur d'un client fidèle pour l'entreprise.

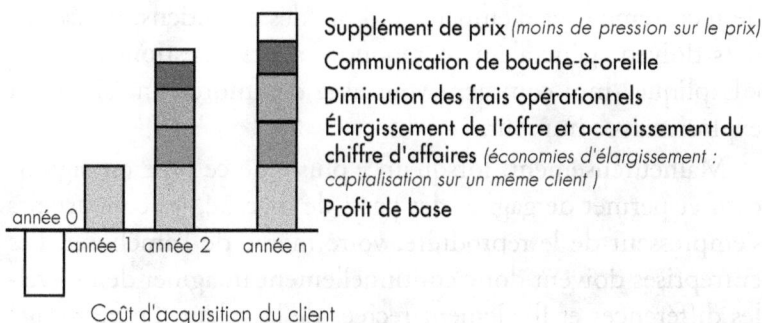

Figure 7.12 : Valeur d'un client fidèle

Où il s'agit d'offrir un « plus » de valeur ou de recréer de la valeur

Pour convaincre et retenir certains clients, il ne suffit pas toujours d'assurer le bon service ou même de savoir récupérer rapidement le client quand les choses ne se passent pas comme prévu. Il est parfois nécessaire d'offrir un avantage inattendu, pour se différencier des concurrents, d'offrir un « plus » qui ne va pas simplement satisfaire le client, mais aussi le combler. Un billet d'avion est un billet d'avion. Qu'est-ce qui différencie un billet d'avion d'un autre billet d'avion ? La sécurité ? Certes, c'est un facteur très important, mais la plupart des compagnies aériennes offrent heureusement le même niveau de sécurité, et respectent les normes imposées dans ce domaine. Les différences apparaissent donc dans des aspects *secondaires*, parfois mineurs, mais *déterminants*. Certains sont prévus au moment de la conception, comme la fréquence des vols et le confort des sièges, mais l'amabilité, l'humour et la spontanéité du personnel peuvent également faire la différence. Un tout petit élément supplémentaire peut générer un avantage décisif et conduire le client à choisir une compagnie plutôt qu'une autre. Chez Southwest Airlines, par exemple, le plaisir du voyage est pris très au sérieux. L'humour est l'un des principaux critères de recrutement et d'embauche. Lors des entretiens, les candidats doivent généralement répondre à des questions du type « Expliquez-moi comment vous avez désamorcé une situation explosive avec humour. »

Malheureusement, lorsqu'un « plus » de ce type est significatif et permet de gagner des parts de marché, les concurrents s'empressent de le reproduire, voire même de l'améliorer. Les entreprises doivent donc continuellement imaginer de nouvelles différences et finalement recréer de la valeur. Le personnel d'interaction, y compris dans les environnements bureaucratiques, prend souvent l'initiative d'adapter les règles et d'assouplir les procédures. Mais l'organisation reste bureaucratique si les ajustements restent localisés et ne sont pas repris et appliqués dans le reste du système. Dans ce cas, il n'y a pas d'acquisition et de mémorisation de l'apprentissage, il n'y a donc pas de progression.

Les organisations qui réussissent ne peuvent jamais se reposer sur leurs lauriers. Elles doivent sans cesse s'améliorer et recréer de la valeur. Ce qui nous amène au troisième mouvement : la mise en œuvre d'une dynamique d'amélioration.

Troisième mouvement : la dynamique d'alignement des processus

Dans un environnement ouvert où règne une forte concurrence, la survie nécessite une adaptation incessante afin d'optimiser la valeur perçue par des clients constamment en mouvement. Pour assurer le bon service dès la première fois et faire encore mieux la fois suivante, l'organisation doit rester à l'écoute du client. Si la voix de ce dernier arrive à pénétrer de l'avant-scène jusqu'aux coins les plus reculés de l'arrière-scène, les sources d'amélioration deviennent inépuisables.

La logique de service implique par définition cette orientation client. C'est lui le vrai patron et non votre supérieur hiérarchique ! Et c'est un patron très exigeant. Beaucoup d'entreprises proclament ce credo en accrochant des posters ou en imprimant des cartes plastifiées. On y lit de bonnes résolutions telles que « Les clients sont notre première priorité » ou « Le client a toujours raison » ou encore « Le client est le centre de nos actions ». Or, ces bonnes paroles et ces rituels restent vides de sens s'ils ne s'appuient pas sur une mobilisation interne et des efforts méthodiques et constants pour aligner les processus transversaux de l'organisation, de l'avant-scène à l'arrière-scène. Le plus difficile est de gérer la tension entre la maîtrise des processus et l'accélération du changement, entre la conservation de l'acquis et la progression. Il s'agit donc de savoir mettre en place une dynamique d'amélioration continue.

Lorsque la voix du client se déploie en interne d'un département à l'autre, de l'avant-scène à l'arrière-scène, elle se ramifie à chaque contact client-fournisseur interne tout au long des processus clés de l'entreprise. Cette voix est transformée, filtrée, matérialisée et quantifiée en spécifications et normes au niveau de chaque interface. Chaque département, chaque entité est en même temps un client et un fournisseur interne.

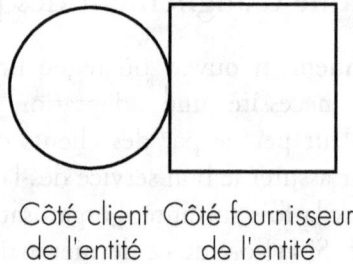

Côté client Côté fournisseur
de l'entité   de l'entité

Figure 7.13 : Côté client et côté fournisseur d'une entité

Les processus transversaux de l'entreprise se déploient le long de chaînes de relations client-fournisseur (voir Figure 7.14).

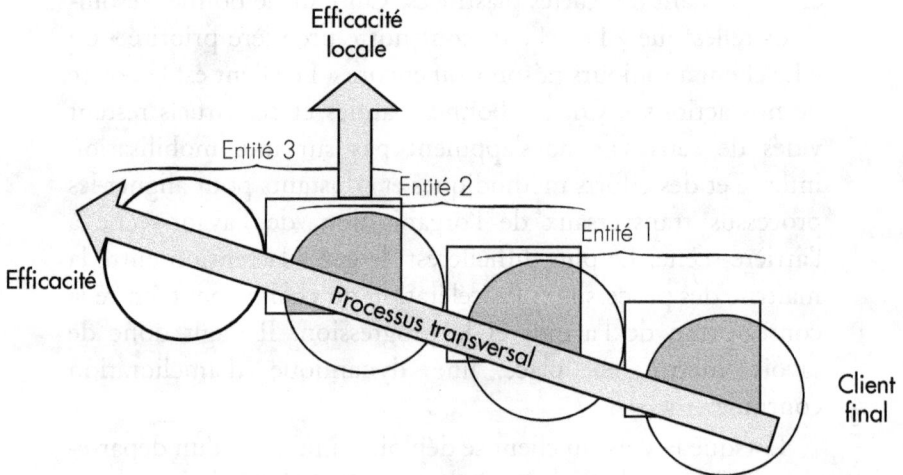

Efficacité
locale

Entité 3

Entité 2

Entité 1

Efficacité

Processus transversal

Client
final

Figure 7.14 : Alignement des processus de l'entreprise

Chaque fonction, département, unité a toujours la fâcheuse tendance à définir ses objectifs d'une façon verticale, en restant dans son silo, ou à définir sa culture et ses modes de fonctionnement en restant dans son carré et en ignorant parfois les demandes externes. Chaque unité développe ainsi une efficacité locale et verticale, selon le principe fonctionnel du silo. En reconnectant les différentes entités, en abattant les cloisons qui les séparent et en suivant les processus transversaux, il est possible de faire apparaître les dysfonctionnements, le gaspillage, les points faibles et les non-valeurs ajoutées entre différentes unités.

Amélioration et restructuration des processus

En dessinant la carte d'un processus clé qui relie différentes entités, il est possible de faire découvrir à chacun quel en est l'objectif. Le *responsable du processus* peut alors lancer une dynamique d'amélioration et d'alignement. En rapprochant et en reconnectant les fournisseurs et les clients internes, l'ajustement se réalise sur la base d'une interaction directe horizontale. Cette *loi de la situation*, par contact et mesure directe, indique et enseigne à chaque employé ce qu'il doit faire. Cette loi de la situation régule un ajustement local qui est moins contraignant et arbitraire que la *loi de l'autorité* imposée par le haut.

Quatre exemples vont montrer comment cette logique génère efficience et efficacité, et permet de réduire les points de gaspillage, d'engorgement et de friction qui s'accumulent le long des processus. Il s'agit de se focaliser sur les activités qui ne créent pas de valeur ajoutée pour le client ou pour l'entreprise.

Premier exemple : relations client-fournisseur internes

Imaginons un département informatique produisant des centaines de rapports et documents destinés à d'autres départements. Après comptage du nombre de documents réellement lus et utilisés par les clients internes, il apparaît que la moitié d'entre eux ne sont jamais ouverts. Or, à la question : « Pourquoi ne demandez-vous pas aux utilisateurs s'ils ont toujours besoin de ces informations ou s'ils ont de nouveaux besoins ? », le responsable répondra dans la plupart des cas : « Je n'ai pas le temps de questionner mes clients, je dois produire mes 400 rapports tous les mois ! »

Le vrai problème vient du fait que les besoins internes et externes changent régulièrement sous l'effet de nouvelles demandes des clients ou de l'introduction de nouvelles technologies. Les interactions client-fournisseur doivent par conséquent être régulièrement revisitées et réajustées afin de répondre à ces nouveaux besoins, tandis que les documents, les activités et les habitudes inefficaces (parfois profondément enracinées) doivent être éliminés ou corrigés.

L'analyse de la valeur utilisée en conception de produit est une technique à la fois simple et efficace qui a fait ses preuves. Elle permet d'éliminer le gaspillage ou les inefficacités et de se focaliser sur la valeur perçue. Elle consiste à passer en revue les différentes activités à l'aide d'une séquence de questions :

- pourquoi cette activité ?
- contribue-t-elle à répondre aux exigences des clients ?
- l'avantage est-il visible et compris par le client ?
- participe-t-elle aux fonctions de l'entreprise ?
- peut-elle être éliminée ?
- contribue-t-elle à créer un avantage concurrentiel ?
- doit-elle être développée davantage ?
- comment peut-elle être améliorée ou remplacée pour réduire son coût ou accroître la valeur perçue ?

Deuxième exemple : amélioration des processus

Notre deuxième exemple porte sur des processus transversaux qui peuvent englober plusieurs relations client-fournisseur internes ainsi que, le plus souvent, le client final.

La Figure 7.15 illustre le traitement d'une déclaration de sinistre qui, conformément au principe de spécialisation et de division du travail, a été divisé en sept activités.

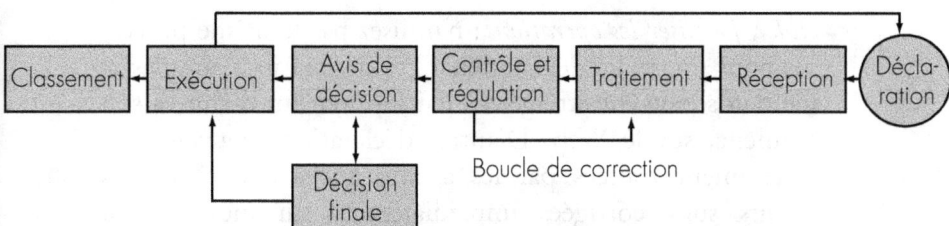

Figure 7.15 : Traitement d'une déclaration de sinistre

On retrouve sur ce diagramme les maladies habituelles des processus transversaux :

- un processus unique pour traiter tous les types de déclarations ;
- une boucle de correction en cas d'erreur ou lorsque le travail doit être repris ;
- un manque de communication entre les entités et un travail en série qui engendre des stocks intermédiaires et des retards. Le traitement d'une déclaration peut demander une ou deux semaines, alors que le travail effectif sur la déclaration proprement dite ne dépasse pas une heure ;
- le gaspillage et les activités de non-valeur ajoutée : duplication et photocopies, transport, stockage, classement, tri, vérification et re-vérification des documents ;
- une mauvaise utilisation de la capacité et des ressources lorsque la demande est saisonnière ;
- un manque de flexibilité et de réactivité dû à des prises de décisions centralisées et à une délégation insuffisante.

La simplification et le réalignement de ce processus vont faire apparaître d'importantes possibilités de réduction des délais et du gaspillage, ainsi que des améliorations du service au client. La méthode est simple et bien connue. Ce ne sont pas les idées et les outils qui manquent, mais l'engagement et les ressources. Avec les conseils éclairés du responsable du processus, cinq principes clés peuvent faire des miracles :

- *cibler, focaliser les opérations* : n'utilisez pas le même processus pour toutes les déclarations. Les déclarations simples et standards peuvent être gérées par le client lui-même, à son domicile, sur le Web. D'autres déclarations peuvent être entièrement traitées par les agents de l'avant-scène. Les erreurs sont corrigées immédiatement au moment du contact direct. L'autorisation de signature en aval renforce la flexibilité et la réactivité. Le processus en plusieurs étapes décrit plus haut sera réservé aux déclarations complexes exigeant l'intervention d'experts ;
- *faire les choses correctement du premier coup* : si le travail est bien fait à chaque étape, la boucle de correction devient superflue ;
- *réduire le gaspillage et les activités de non-valeur ajoutée* : pour ce faire, il suffit de regrouper certaines opérations, de réduire la taille des séries ou encore d'automatiser d'autres tâches ;
- *mieux utiliser la capacité et les ressources* : rééquilibrer la demande et la capacité en faisant appel à une main-d'œuvre flexible et en formant le personnel pour qu'il dispose de compétences multiples et devienne polyvalent ;
- *être plus proactif* : mieux informer le personnel sur les besoins des clients et leur donner davantage de liberté pour organiser leur travail, réduire la fragmentation, encourager le travail d'équipe et éliminer les approbations multiples.

Troisième exemple : reconfiguration et restructuration des processus

L'introduction de nouvelles technologies déclenche fréquemment une amélioration plus ambitieuse, une sorte de « big-bang » qui conduira à une restructuration complète du processus. Mais la notion de « big-bang » ne signifie par pour autant qu'on ne puisse pas procéder par étapes afin d'éviter les problèmes de mise en œuvre. Lorsque la marche à franchir est trop élevée, la résistance au changement peut bloquer la démarche, comme nous le verrons dans le chapitre 10.

Examinons le célèbre exemple de Champy et Hammer[5] concernant les demandes de financement d'IBM Credit Corporation. Le processus initial montre la fragmentation et la spécialisation des opérations par fonction (Figure 7.16).

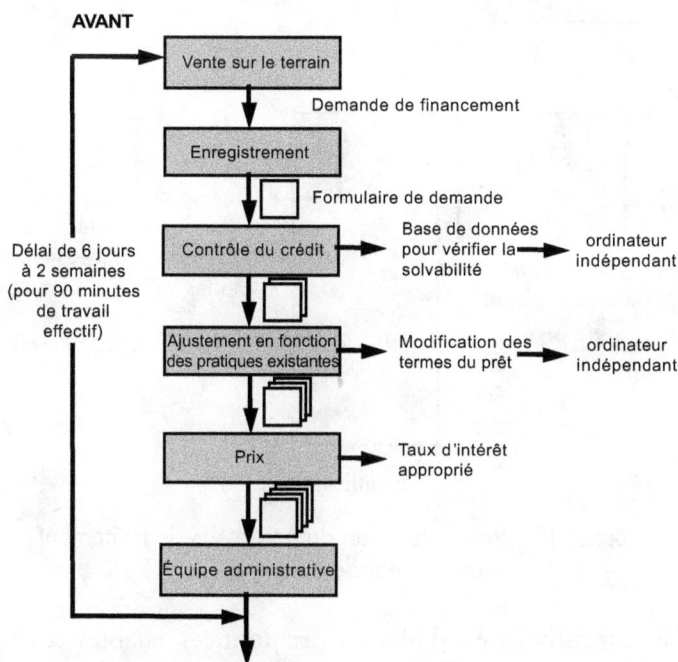

Figure 7.16 : Demande de financement chez IBM Credit Corporation

L'utilisation massive de l'informatique et l'application des cinq principes mentionnés plus haut permettent d'apporter des améliorations impressionnantes. Le processus initial a été décomposé en trois processus focalisés sur des cibles différentes. Comme le montre la Figure 7.17, le temps de traitement des financements est ramené à seulement quelques minutes pour les cas les plus simples et à quelques heures pour les cas de complexité moyenne. Seuls quelques cas complexes seront traités par un processus similaire aux processus initiaux.

APRÈS SEGMENTATION ET FOCALISATION DES PROCESSUS

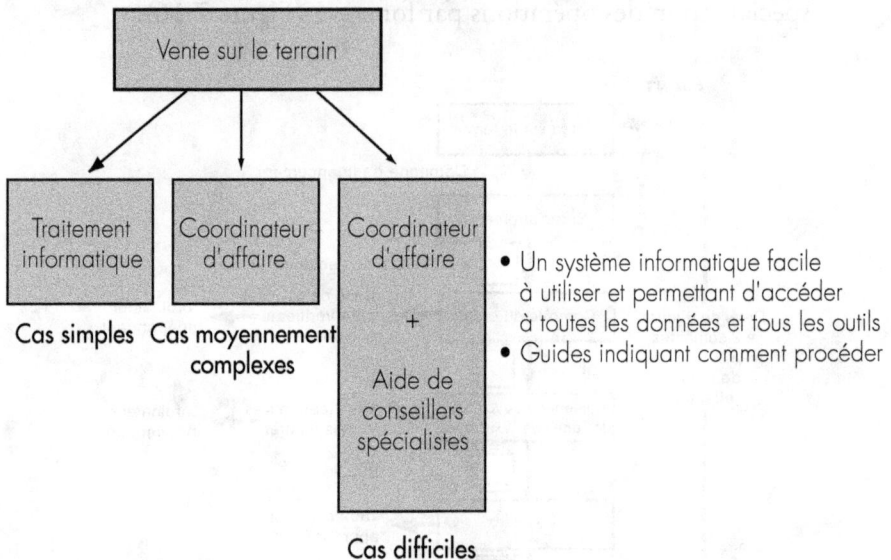

Figure 7.17 : Restructuration du processus de traitement des demandes de crédit

Le plus difficile est d'obtenir des données valables et d'afficher un engagement clair en affectant les ressources qui conviennent pour l'étude et la mise en œuvre du nouveau processus.

La démarche est progressive et peut s'organiser ainsi :

• choisir et définir le processus à restructurer ;

- désigner un responsable du processus et une équipe de projet ;
- analyser les systèmes comparables et imaginer le système idéal ;
- développer un nouveau concept ;
- redéfinir et redessiner le processus ;
- vendre le projet en interne et planifier la mise en œuvre (trouver un accord avec les parties prenantes, convaincre et négocier) ;
- tester le nouveau processus sur des sites pilotes ;
- mettre le processus en œuvre dans l'ensemble de l'entreprise.

Quatrième exemple : une expérience intégrée, sans couture visible

Le client recherche la cohérence et l'intégration de son expérience du service malgré la multiplicité des contacts spécialisés lorsqu'il est transféré d'un agent à l'autre. Plus les points de contact sont nombreux, plus le risque de fragmentation et de dispersion est élevé. La cohérence entre les différents employés peut être assurée par des coordinateurs, le travail d'équipe, la rotation des postes, l'élargissement des tâches et la polyvalence des employés.

Un patient qui séjourne quelques jours à l'hôpital peut être amené à entrer en contact avec une cinquantaine d'intervenants spécialisés. Comment faire pour que tous ces contacts restent cohérents ? Au Beth Israel Hospital de Boston, les progrès de chaque patient sont suivis par une infirmière désignée. Cette dernière est chargée de gérer l'expérience du patient, depuis son admission jusqu'à sa sortie ou son transfert dans une autre unité de l'établissement. L'infirmière principale, qui à la fois soigne le patient et gère les traitements qui lui sont prodigués, travaille en étroite collaboration avec les médecins et établit un plan de soin pour chacun des patients qui lui sont confiés.

Dans d'autres entreprises, les équipes chargées de grands comptes clients regroupent tous les départements concernés (ventes, crédit, service client et après-vente) et doivent présenter un seul et même visage au client. Encore une fois, le travail d'équipe et la coopération horizontale permettent une supervision moins directe et une hiérarchie moins lourde. Pour obtenir une bonne cohésion de l'équipe, le meilleur moyen consiste à utiliser des mesures centrées sur le client ou l'utilisateur final. Prenons l'exemple d'un concessionnaire de camions. La division du travail fait que souvent les ventes, le service de réparation et le département des pièces de rechange travaillent chacun dans leur coin en se concentrant sur leurs propres objectifs. En mettant en place une solution fondée sur le coût par kilomètre parcouru par le camion et en versant des primes liées à la durée de vie dudit camion, le concessionnaire peut conduire les trois départements à travailler de concert.

Conclusion

Les trois mouvements de la qualité sont essentiels pour mettre en action une dynamique d'amélioration continue : faire le produit (ou le service) bon, faire le bon produit (ou le bon service), aligner les processus et intégrer l'expérience. Ces trois mouvements doivent être intégrés par un processus de changement systématique. C'est avant tout une question de mise en œuvre, comme nous le verrons dans le chapitre 10.

Certaines entreprises commencent par la conformité du produit ou du service. D'autres se concentrent sur la satisfaction des clients ou la restructuration des processus.

Le processus Six Sigma a comme inconvénient majeur de se focaliser principalement sur le zéro défaut et le gaspillage le long des processus. Le risque est alors de perdre de l'élan si le deuxième mouvement (faire le bon produit et assurer le bon service) n'est pas rapidement enclenché pour alimenter la dynamique d'amélioration.

Quelle que soit l'approche choisie, il est indispensable de disposer d'un cadre commun couvrant les trois mouvements. Que l'un des mouvements manque à l'appel et la dynamique s'essouffle.

Chapitre 8

Équilibrer capacité et demande

L'équilibre entre la capacité et la demande est un autre problème crucial et bien spécifique de l'avant-scène. En effet, il est impossible d'inventorier le service puisqu'il est périssable et est consommé au moment de sa production. Pour compliquer les choses, la demande de service est souvent saisonnière et fluctuante – d'un jour, d'une semaine, d'un mois ou d'une année à l'autre. Il est donc difficile d'ajuster la capacité en fonction d'une demande variable dans un environnement instable. Dans le domaine du commerce en ligne, par exemple, le volume d'affaires horaire peut correspondre à trois fois le volume moyen d'une journée. Mais un pic de la demande peut être supérieur à trois fois le volume horaire moyen. Ainsi la capacité instantanée nécessaire peut être multipliée par un facteur neuf par rapport à la moyenne de la journée.

Comme le montre la Figure 8.1, lorsque la demande est nettement inférieure à la capacité, il en résulte une sous-utilisation et un excédent de capacité. Lorsque le niveau de la demande remonte tout en laissant une marge inutilisée suffisante, la qualité du service est optimisée, les temps d'attente restent courts et le personnel de première ligne n'est pas sous pression. En revanche, si la demande atteint et dépasse la capacité disponible, la qualité chute et les clients doivent patienter dans de longues files d'attente ou doivent être « stockés » dans des systèmes de réservation. Si la demande augmente davantage, soit les clients acceptent de revenir plus tard, soit ils sont perdus et vont à la concurrence, ce qui est malheureusement le plus probable.

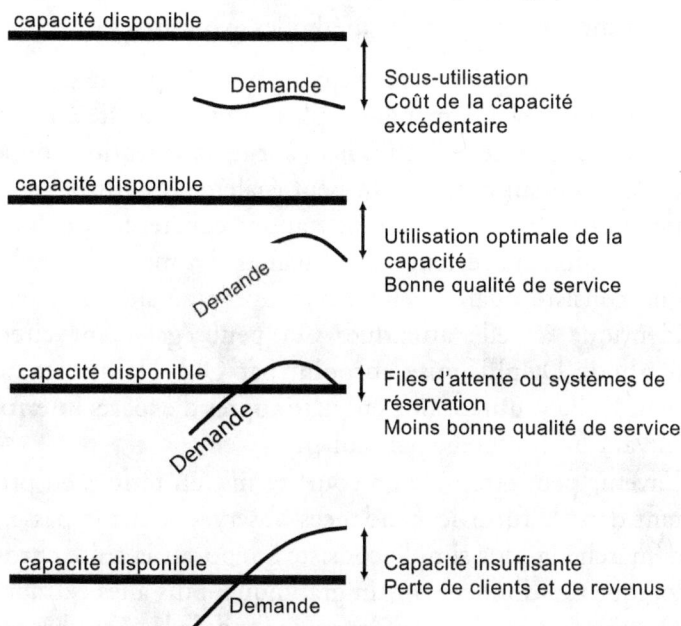

Figure 8.1 : Demande et capacité

La détermination du meilleur niveau de capacité dépend du coût de la sous-utilisation des capacités et de la perception du consommateur. Par exemple, des dîneurs potentiels hésitent à entrer dans un restaurant quasiment vide mais ils sont attirés par une salle bondée, plus conviviale et rassurante. Par ailleurs, la sur-utilisation a aussi un coût en termes de chiffre d'affaires perdu ou de mécontentement des clients qui doivent patienter.

Gérer la demande

Pour déterminer la capacité nécessaire, il faut commencer par prévoir la demande. Les méthodes de prévision, qui utilisent l'expérience présente et passée pour prévoir l'avenir, se divisent en trois catégories : les méthodes qualitatives, les prévisions à court et moyen termes et les méthodes explicatives.

- Les méthodes qualitatives s'appuient sur l'opinion de clients ou d'experts. La démarche la plus simple consiste à interroger des personnes sélectionnées sur leurs intentions ou leur comportement à venir. On peut également bâtir des scénarios pour générer des représentations cohérentes de l'avenir en fonction de certaines éventualités. La méthode analogique consiste quant à elle à retrouver une situation passée identique à celle attendue. On peut également citer la méthode Delphi, mise au point par Olaf Halmer et Norman Dalkey, qui est une enquête auprès d'experts interrogés suivant un protocole particulier.

- L'avenir peut être prévu à court et moyen termes en projetant dans le futur les tendances observées dans le passé. La démarche la plus simple consiste à reporter la suite chronologique des données sur un graphique, puis à les extrapoler. On repère d'abord la tendance de fond de la série chronologique en atténuant les variations aléatoires et en éliminant les variations régulières et saisonnières. Une moyenne mobile, par exemple, permet de révéler la tendance d'où sera extraite la saisonnalité éventuelle. La prévision s'obtiendra en multipliant l'extrapolation de la tendance par le facteur de saisonnalité, cette saisonnalité pouvant être

148

analysée sur des durées variables (jour, heure, semaine, mois, année).

- Les méthodes explicatives considèrent l'évolution de la demande comme une *variable dépendante* qui dépend d'une ou plusieurs autres variables dites *indépendantes*. Ainsi, la demande de courts de tennis d'un complexe résidentiel dépendra de variables telles que le taux d'occupation des résidences et des hôtels aux alentours, ainsi que des conditions météorologiques. La demande pourra donc être déterminée par l'évolution connue des variables explicatives ou indépendantes, comme le taux d'occupation et la météo.

Lisser et programmer la demande

Lorsque les demandes pour un service proviennent de sources différentes, il peut être intéressant de traiter chaque source séparément. Dans le domaine de la maintenance, les appels d'urgence et les interventions préventives ont des origines diverses. Les urgences sont de nature imprévisible et aléatoire, tandis que les interventions préventives sont programmables. Si les urgences sont plus nombreuses certains jours de la semaine ou à certaines heures de la journée, les interventions préventives peuvent alors être planifiées pendant les heures creuses. Ainsi, l'entreprise lisse la demande globale en combinant les pics et les creux d'une demande imprévisible avec des interventions programmées.

De la même manière, un hôpital peut lisser la saisonnalité des consultations de patients externes en organisant les consultations des patients internes pendant les périodes moins chargées.

Influencer ou déplacer la demande

Lorsque la capacité n'est pas suffisante pour faire face aux pics de demande, il est possible d'accorder un accès privilégié ou des réservations prioritaires aux clients fréquents ou fidèles.

Bien que des offres spéciales en périodes creuses permettent de lisser l'utilisation du service, il est difficile de se débarrasser des vieilles habitudes. Ainsi, comment pourrait-on convaincre les Mexicains de renoncer à leur sieste quotidienne afin de réduire les embouteillages à l'heure du déjeuner ? Le problème est le même pour les hôtels qui essaient de convaincre les hommes d'affaires de rester pour le week-end, ou encore pour les municipalités qui tentent d'inciter les automobilistes à éviter les heures de pointe.

La demande peut être déplacée en proposant une offre moins attractive aux heures de pointe. Cette offre peut en outre être réduite et standardisée afin d'accélérer les opérations pendant les pics d'activité, tandis que des avantages tels que l'absence d'attente ou un meilleur service peut encourager les clients à préférer des périodes plus calmes.

Le prix est l'élément du marketing mix le plus fréquemment utilisé pour influencer la demande. Pour qu'ils puissent modifier le comportement du client, les prix doivent varier selon les périodes et selon les segments. Les exemples sont très nombreux : tarifs nuit et week-end pour les appels téléphoniques longue distance, tarifs basse saison dans les hôtels, barèmes bleu, vert et rouge pour l'électricité, péages autoroutiers modulés en fonction de l'heure.

Demande complémentaire ou centralisée

Une demande complémentaire permet d'accroître l'utilisation du service en période creuse. Les stations de ski organisent par exemple des activités estivales, les restaurants ouvrent leur bar et leur salon de thé en dehors des heures de repas, les hôtels proposent des forfaits week-end ou des forfaits séminaires hors saison.

La demande peut également être lissée en regroupant les ressources, comme c'est le cas dans les centres de saisie des données ou les centres d'appel.

Stocker la demande

La demande peut être « stockée » dans une file d'attente ou un système de réservation. Personne n'aime attendre, mais les clients sont souvent obligés de patienter, que ce soit au téléphone ou à la caisse du supermarché. Aussi est-il préférable de « stocker » les clients dans un bar ou un salon, plutôt que de les laisser inoccupés dans une file d'attente.

Les systèmes de réservation permettent de re-diriger la demande vers des créneaux disponibles, ce qui contribue à lisser l'utilisation de la capacité et à éliminer les files d'attente. Un problème survient cependant quand le client fait une réservation mais ne se présente pas. Face à ce phénomène de sièges ou de chambres vides, les compagnies aériennes et les hôtels ont adopté la stratégie du « surbooking ». Prenons l'exemple d'un hôtel qui décide de surlouer trois chambres. Si seulement deux clients sur les trois absents prévus ne viennent pas, l'hôtel n'a pas de chambre pour le client non prévu et subit un coût : celui de trouver une chambre dans un hôtel voisin, plus le mécontentement du client et la perte éventuelle de fidélité. En revanche, si quatre clients ne se présentent pas, une seule chambre reste vacante et l'hôtel subit une perte d'opportunité : la contribution de cette chambre.

La décision de surlouer s'appuie ainsi sur une comparaison entre le coût de la sous-capacité (louer une chambre dans un hôtel voisin et mécontenter le client) et le coût de la surcapacité (contribution perdue), coûts pondérés par les probabilités correspondantes. Les compagnies aériennes pratiquent fréquemment le surbooking, en particulier lorsqu'il est relativement facile de transférer les passagers sur un vol suivant.

Gérer la capacité

Lorsqu'il n'est pas possible de lisser efficacement la demande, il faut jouer sur la capacité et la rendre aussi flexible que possible. Or, la flexibilité peut être considérablement limitée par des investissements fixes ou des goulets d'étranglement qui apparaissent dans l'enchaînement des opérations.

Analyser le processus de délivrance pour repérer les goulets d'étranglement

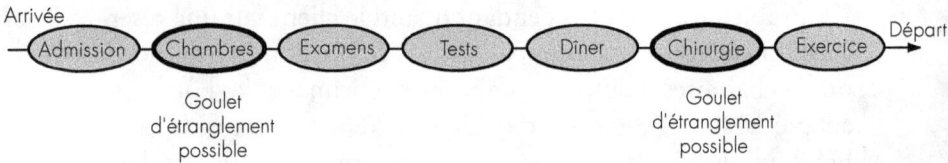

Figure 8.2 : Circuit des patients à la clinique Shouldice

Les taux d'arrivée et de service à chaque étape doivent être bien équilibrés afin d'éviter les files d'attente et les engorgements. Sur l'exemple du traitement des patients à la clinique Shouldice, l'admission, les examens, les tests et le dîner sont des activités relativement souples dont la capacité peut être facilement ajustée. Les deux principaux goulets d'étranglement apparaissent au niveau du nombre de chambres et de la capacité disponible en chirurgie (équipements et chirurgiens). La capacité des blocs opératoires est un problème particulièrement sensible dans les hôpitaux car la durée des interventions peut être très variable. De plus, les anesthésistes et les chirurgiens ne sont pas nécessairement disponibles au même moment. L'une des solutions permettant d'optimiser l'utilisation de la capacité consiste à réduire la variabilité et à segmenter les salles d'opération en salles rapides, moyennement rapides, lentes et réservées aux urgences, en fonction de la durée estimée des interventions.

Limiter l'offre

Il est possible d'augmenter la capacité en réduisant la durée de l'interaction de plusieurs façons :

- en simplifiant la transaction : aux heures de pointe, le choix est réduit, les activités longues et complexes sont refusées ;
- en réduisant au minimum les temps morts et le temps perdu entre les opérations ;
- en transférant certaines activités : le patient peut être endormi dans une salle de préparation avant de passer au bloc puis placé dans une salle de réveil jusqu'à ce qu'il reprenne conscience ; les infirmières peuvent soulager les chirurgiens en se chargeant des tâches administratives et en préparant le patient avant la visite.

Sous-traiter certaines activités

La sous-traitance d'activités qui ne sont pas essentielles à son succès permet à l'entreprise d'augmenter sa capacité de manière plus radicale. Ainsi, en réduisant les activités de cuisine de ses restaurants et en sous-traitant la préparation des plats dans de grands centres de production, Taco Bell est passé du métier de restaurateur à celui de distributeur. Réduites au strict minimum, les cuisines ont libéré davantage d'espace pour la salle, ce qui a permis d'accroître la capacité et le chiffre d'affaires.

Faire participer le client

La restauration rapide n'utilise pas de serveurs pour servir le client ou débarrasser les tables. En effet, le client, qui est bien volontiers coproducteur, passe commande à la caisse, transporte lui-même son plateau et débarrasse sa table – et il accepte même de manger plus vite aux heures de pointe sous la pression des files d'attente ! De même, le séjour à l'hôpital peut être écourté pour peu que le patient accepte de participer avec éventuellement l'aide des siens à son domicile.

Renforcer la flexibilité de la capacité

La capacité du service est limitée d'une part par les installations et les équipements, et d'autre part par la disponibilité de la main-d'œuvre. Il est possible de jouer sur ces limites de plusieurs manières :

- *en faisant varier le temps disponible* : le moyen le plus facile de modifier la capacité est de changer les heures d'ouverture, dans la mesure où les clients l'acceptent. Par exemple, l'éclairage des courts de tennis permet de jouer en nocturne. De même, la capacité de production d'un avion est doublée s'il vole dix heures par jour au lieu de cinq ;
- *en rendant la capacité flexible* : la capacité de certains services est élastique. En acceptant les passagers debout, les trains et les métros peuvent doubler, voire tripler, le nombre de personnes transportées. Les compagnies aériennes ne peuvent les imiter mais, en tirant un simple rideau, elles peuvent ajuster le nombre de sièges de la classe affaires. Les stades et les centres de conférence sont souvent conçus pour accueillir des événements de types divers ;
- *en partageant la capacité* : plusieurs hôpitaux peuvent se partager des équipements de traitement cardiaque ou du matériel de dialyse rénale. Des compagnies aériennes peuvent utiliser en commun des portes d'embarquement, des rampes d'accès ou même des avions ;
- *en louant du matériel* : un centre de conférence peut éviter certains investissements fixes en louant des salles de conférence dans des hôtels pour l'organisation de séminaires.

Un manque de personnel peut réduire la capacité disponible, même si la capacité physique est adéquate. Plusieurs solutions permettent alors de contourner le problème :

© Groupe Eyrolles

- *en organisant le temps de travail* : lorsqu'il est impossible de lisser suffisamment la demande, les horaires de travail du personnel doivent être programmés en fonction des prévisions de la demande. Cette organisation est particulièrement importante dans des entreprises telles que les centres d'appel, les hôpitaux, les banques ou les casernes de pompier. La programmation des horaires peut être relativement complexe lorsqu'il s'agit de services ininterrompus, 24 heures sur 24 et 7 jours sur 7, ou lorsqu'il faut tenir compte des préférences et impératifs du personnel, en évitant par exemple de disperser les journées non travaillées ;

- *en faisant appel à un personnel à temps partiel ou de sous-traitance* : il est possible de faire appel à du personnel à temps partiel pour seconder le personnel à temps complet. La restauration rapide, par exemple, emploie des étudiants, tandis que les pompiers ont recours à des groupes de volontaires qui s'entraînent régulièrement et restent d'astreinte moyennant une somme modique ;

- *en partageant le personnel* : certaines compagnies aériennes partagent leur personnel de bord et au sol pour des destinations secondaires. Les employés changent simplement d'uniforme ;

- *en recrutant un personnel polyvalent* : lorsque certaines activités sont surchargées alors que d'autres tournent au ralenti, le personnel, s'il est polyvalent, peut être transféré de l'une à l'autre. Les employés peuvent passer de l'arrière-scène à l'avant-scène pendant les périodes de pointe. Dans les supermarchés, lorsque les files d'attente en caisse deviennent trop longues, les employés chargés de réapprovisionner les rayons peuvent venir à la rescousse en ouvrant des caisses supplémentaires.

Le yield management
ou la gestion des revenus

Les progrès informatiques et la concurrence acharnée entre les compagnies aériennes ont donné naissance à une nouvelle méthode d'accroissement des revenus. Baptisée *yield management* ou gestion des revenus[1], cette nouvelle approche vise à vendre la capacité disponible aux bons clients, au bon moment et au bon prix, en ayant recours à la prévision, à la segmentation et au surbooking. L'informatique permet aux compagnies d'analyser les volumes de données considérables provenant de leurs systèmes de réservation, d'en dégager le profil des réservations enregistrées au cours des mois et années précédents et d'en tirer des tendances. Elles sont ainsi en mesure d'ajuster la répartition des sièges sur n'importe quel vol en fonction de différents niveaux tarifaires, des demandes de différents segments de clientèle et des offres concurrentielles.

La gestion des revenus n'est pas exclusive au domaine aéronautique. Elle s'applique aussi à l'hôtellerie, au transport ferroviaire, aux croisières, à la location de voitures ou à la distribution d'électricité. Elle convient particulièrement bien aux services qui ont une capacité relativement rigide et des coûts fixes très élevés. Dans ce cas, le prestataire joue sur les remises afin de mieux exploiter sa capacité. La segmentation du marché est souvent fondée sur la sensibilité au prix et l'occasion d'achat.

Allocation des sièges

Le modèle le plus simple comprend deux catégories de prix (en réalité, les compagnies aériennes proposent une multitude de tarifs) : l'une concerne les touristes, pour qui le facteur le plus important est le prix, et l'autre les hommes d'affaires, pour qui le facteur important est le temps. Les courbes de demande de ces deux types de clients sont très différentes (voir Figure 8.3).

Les touristes programment leurs vacances et réservent leurs billets longtemps à l'avance, tandis que les hommes d'affaires réservent souvent au dernier moment. La compagnie doit donc éviter de remplir l'avion trop tôt avec des passagers moins rentables et veiller à garder suffisamment de sièges pour les réservations tardives. En revanche, si elle met de côté trop de sièges pour d'éventuelles réservations qui ne se concrétisent pas, ces sièges seront perdus.

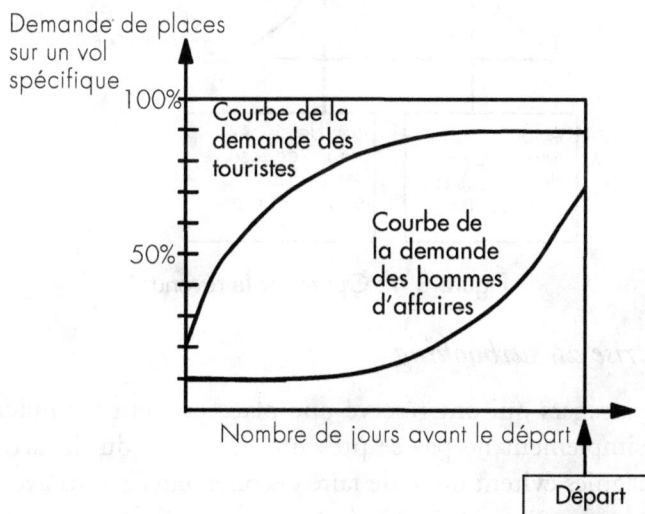

Demande de places sur un vol spécifique

100%

Courbe de la demande des touristes

Courbe de la demande des hommes d'affaires

50%

Nombre de jours avant le départ

Départ

Figure 8.3 : Courbes de la demande des touristes et des hommes d'affaires

Les compagnies aériennes doivent donc déterminer le juste équilibre en essayant de prévoir les demandes de réservation de chaque segment pour chaque vol. L'exercice est d'autant plus difficile que la répartition des passagers en classe économique et classe affaires n'est jamais la même d'un vol à l'autre, d'un jour à l'autre et d'une saison à l'autre. La Figure 8.4 illustre comment s'opère l'équilibre entre différents types de places.

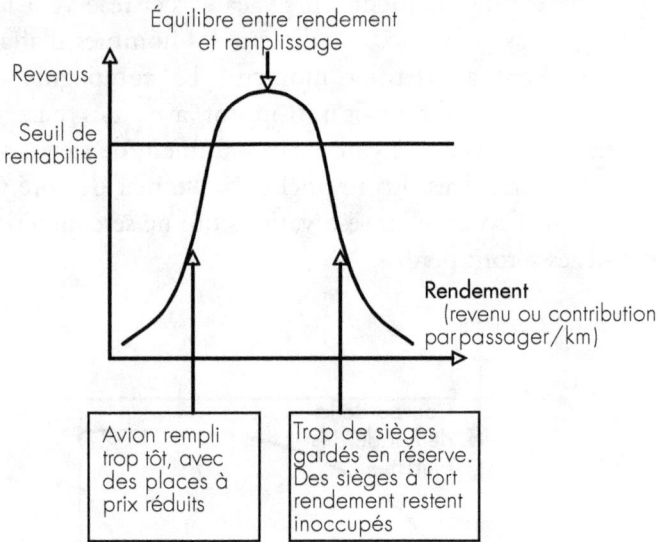

Figure 8.4 : Optimiser le revenu

Maîtrise du surbooking

Des passagers qui ont réservé une place peuvent l'annuler ou tout simplement ne pas se présenter à l'heure du départ. Les compagnies évitent donc de faire décoller leurs avions avec des sièges vacants en pratiquant le surbooking. Pour ce faire, elles doivent estimer le nombre de non-présentations par vol et par catégorie de passagers. L'efficacité du surbooking se mesure au nombre de passagers qui n'obtiennent pas de siège et qui doivent donc être remboursés ou transférés sur le vol suivant, avec une compensation éventuelle.

La gestion des revenus est devenue un outil concurrentiel majeur, qui peut permettre d'accroître les recettes de 2 à 7 % mais qui requiert alors l'achat de systèmes informatiques de plusieurs millions de dollars. Néanmoins, de tels investissements ne sont pas toujours nécessaires, comme c'est souvent le cas dans l'hôtellerie.

Gérer les files d'attente

Si la demande rejoint et dépasse la capacité et s'il est impossible de réserver à l'avance, les clients sont obligés de patienter dans des files d'attente, ou risquent de s'adresser ailleurs.

L'attente fait partie de notre vie quotidienne. Nous attendons dans les magasins, aux feux rouges, dans les restaurants ou au téléphone. Nous attendons les taxis, les ascenseurs et les bus. Les files d'attente peuvent être physiques ou virtuelles, comme c'est le cas lorsqu'un opérateur vous « met en attente » au téléphone, ou lorsque vous êtes mis sur liste d'attente, ou sur un carnet de rendez-vous.

Les files d'attente sur l'avant-scène sont tout à fait comparables à l'en-cours, ces stocks entre opérations que l'on trouve à l'usine. S'il y a une suite d'opérations, des files d'attente peuvent se former devant chacune d'entre elles. C'est le cas par exemple de la clinique Shouldice (voir Figure 8.2) ou dans les parcs d'attraction tels que Disney World.

Sur l'avant-scène, ce déséquilibre entre la demande et la capacité devient d'autant plus visible que les clients s'impatientent et se plaignent. Dans l'arrière-scène, en revanche, toutes sortes de stocks peuvent s'accumuler sans que cela se voie ou que l'on s'en plaigne.

Pour le prestataire de services, les files d'attente ont l'avantage d'occuper pleinement le personnel et les installations ou les équipements. Mais des files d'attente trop longues sont le signe évident que les clients ne sont pas servis comme il convient, et cette impression négative peut entacher leur jugement global du service. À noter en outre que la première impression et le premier contact marquent profondément le reste de l'expérience.

Comme un stock de produits, la file d'attente est le symptôme d'un problème – à l'image de la fièvre pour un malade. Pour le guérir, il faut trouver l'origine du problème. Deux démarches sont alors possibles : la démarche opérationnelle, qui se focalise sur l'équilibre des flux d'arrivée et de service, et une démarche moins rationnelle qui consiste à étudier l'aspect psychologique de l'attente. Selon le contexte, une attente de dix minutes peut paraître infime ou infinie.

Les aspects opérationnels de l'attente

La théorie des files d'attente permet de calculer la durée moyenne de l'attente si l'on dispose d'informations fiables sur les taux d'arrivée et les taux de service. Lorsque le taux d'arrivée se rapproche du taux de service, la file d'attente s'allonge rapidement. Ce qui explique pourquoi de nombreux services travaillent avec des taux d'utilisation qui ne dépassent pas 75 %.

Renault Minute, qui propose un service de réparation immédiate des véhicules particuliers, table sur une utilisation à 75 % de ses installations. Les clients doivent accepter de payer plus cher pour ne pas attendre et couvrir le coût de cette capacité inutilisée.

La première chose à faire est d'analyser le flux des opérations afin de repérer les goulets d'étranglement et les files d'attente en période de pointe. Dans une banque disposant de plusieurs guichets, par exemple, il est important de connaître et de mesurer les taux d'arrivée et de service de chaque guichet aux heures de pointe (disons le vendredi midi) pour offrir une capacité suffisante.

Lorsque les taux d'arrivée et de service sont aléatoires, mais stables sur une période donnée, le facteur d'utilisation de l'installation se calcule simplement :

Taux d'arrivée moyen : 3 clients par minute

Taux de service moyen : 4 clients par minute

Facteur d'utilisation de l'installation :

$$\frac{\text{Taux d'arrivée moyen}}{\text{Taux de service moyen}} = \frac{3}{4} = 0,75$$

Le facteur d'utilisation doit bien entendu rester inférieur à 1 sous peine de voir la file d'attente s'allonger indéfiniment. Dans notre exemple, le pourcentage d'inoccupation de l'installation est de 1 − 0,75 = 0,25 = 25 %.

La longueur de file d'attente moyenne dépend du facteur d'utilisation, comme le montre la Figure 8.5.

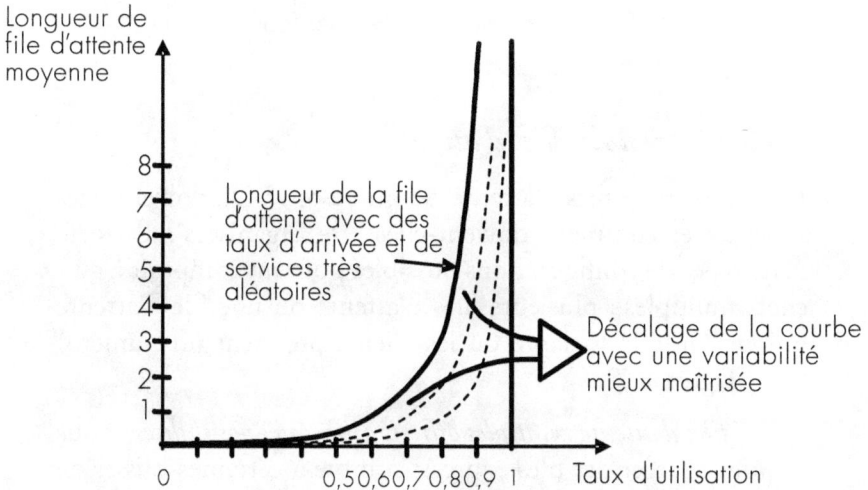

Figure 8.5 : Longueur de file d'attente moyenne

Plus le facteur d'utilisation est proche de 1, plus la file d'attente s'allonge. Le meilleur moyen de la diminuer consiste à réduire les sources de variabilité (décalage de la courbe sur la Figure 8.5 et maîtrise de la variabilité sur la Figure 8.6).

Variabilité
des arrivées

Variabilité de la
durée de service

Maîtrise de la variabilité
au moyen de rendez-vous,
systèmes de réservation,
etc.

Maîtrise de la variabilité
à l'aide d'un meilleur
filtrage (segmentation)
de la demande ou en
formant les clients
et le personnel

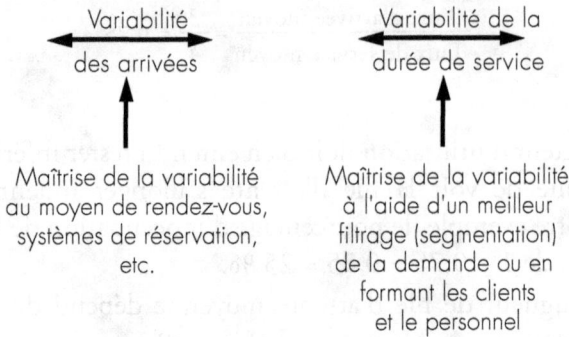

Figure 8.6 : Maîtrise de la variabilité

Configuration des files d'attente

De combien de files d'attente a-t-on besoin ? Où doivent-elles se situer et comment doivent-elles être organisées ? Il existe deux types de configurations possibles pour un comptoir à guichets multiples : plusieurs files d'attente ou une file d'attente unique (avec la variante où les clients prennent un numéro) (Voir Figure 8.7).

• *Les files d'attente multiples offrent différentes possibilités* : Vous pouvez créer des files express, comme à certaines caisses de supermarché. La spécialisation des guichets permet de différencier le service. Si plusieurs files séparées servent le même type de clientèle, les clients cherchent à se mettre sur la file la plus rapide qui est toujours l'autre file !

• *Le système à file unique est considéré comme plus juste* : C'est la règle du « premier arrivé, premier servi. » Il est difficile de quitter la file, la discrétion est mieux assurée et, en règle générale, les clients attendent moins longtemps. En revanche, les agents aux guichets doivent être polyvalents.

Files d'attente multiples   **File d'attente unique**

Guichets   Guichets

[figure]

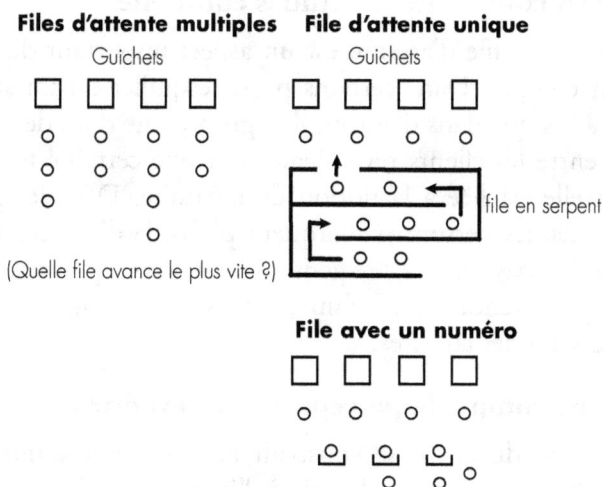

(Quelle file avance le plus vite ?)   file en serpent

File avec un numéro

[figure]

Les clients qui ont pris un numéro peuvent
s'asseoir, faire une autre activité, ou sortir et revenir plus tard.

Figure 8.7 : Les différentes configurations de files d'attente

La psychologie de l'attente

La perception du temps d'attente[2] est souvent différente de la durée réelle de l'attente. De plus, la satisfaction du client correspond à la différence entre sa perception et ses attentes - deux facteurs bien subjectifs, comme nous l'avons déjà observé.

Agir sur les attentes

Les attentes du client doivent être préparées pour correspondre à la perception de l'expérience. Vous pouvez par exemple préparer des clients à attendre en expliquant pourquoi ils doivent attendre ou en insistant sur l'importance de la visite. Vous pouvez leur donner le choix d'un autre mode de contact (téléphone, courrier ou visite à une autre agence).

163

Prendre en compte les habitudes culturelles

Le respect de la file d'attente est un aspect important dont il faut tenir compte. Dans certains pays, resquiller est un sport national alors que dans d'autres, il s'agit presque d'un délit. La distance entre les clients revêt également une certaine importance car elle est liée à la notion de territoire. Dans les pays anglo-saxons, les personnes marquent plutôt la distance, alors que dans les pays latins les gens aiment rester proches. De même, faire attendre quelqu'un peut avoir une signification différente selon les cultures.

Prendre en compte la perception de l'expérience

La perception du client se construit par une série d'interactions qui s'ajoutent pour aboutir à l'impression d'ensemble. Comme nous l'avons déjà dit, la première impression peut profondément marquer la suite de l'expérience. Par exemple, la simple vue de la file d'attente peut être plus décourageante que la durée réelle de l'attente. C'est pourquoi chez Disney, les files d'attente sont parfois masquées ou évoluent selon un parcours en lacets avec des séparations.

Les clients n'aiment pas les temps morts. C'est pourquoi il est nécessaire d'organiser les attentes dans un cadre agréable, avec des meubles de qualité, des fleurs, de la musique. Vous pouvez également distraire les clients en disposant des miroirs, en leur proposant des magazines, ou encore en les invitant au bar avant le dîner. Afin d'alléger leur anxiété, montrez-leur que vous les avez vus arriver, indiquez-leur combien de temps ils vont devoir attendre ou placez une horloge dans un endroit bien visible, pour rendre leur perception de l'attente plus objective. En effet, il a été observé que le temps d'attente estimé par un client peut être jusqu'à trois fois supérieur à la durée réelle de l'attente. Et les clients qui attendent quelques minutes jugeront la qualité du service plus durement que ceux qui attendent moins de 30 secondes.

Conclusion

Le succès d'un service dépend du bon accord entre la valeur perçue par le client et l'offre de service d'une part, mais aussi du juste équilibre entre la demande et la capacité, d'autre part. Nous sommes arrivés au bout de notre démonstration et le lecteur devrait être désormais convaincu de l'avantage de notre définition des services pour organiser les opérations. Nous allons cependant illustrer l'intérêt des idées et des outils que nous avons développés sur des exemples concrets de services industriels et professionnels dans le prochain chapitre. Puis nous nous pencherons sur les conditions de la mise en œuvre d'un processus de changement réussi au dernier chapitre.

Chapitre 9

D'un secteur à l'autre

L'heure est venue de mettre à l'épreuve les concepts et les approches développés dans les chapitres précédents afin d'en vérifier l'intérêt et l'utilité. Nous allons observer comment ils s'appliquent aux deux extrémités du panorama en considérant, à un bout, le secteur industriel tourné vers le produit et, à l'autre, les services professionnels tournés vers la relation-client.

Les services dans le secteur industriel

Comment éviter l'enfer de la banalisation et la guerre des prix ? Une solution réside dans l'innovation et l'amélioration des performances du produit. Mais une autre solution consiste à développer des services autour du produit.

Dans un premier temps, il est possible d'ajouter des services au produit qui reste cependant l'élément central de la transaction. C'est la démarche du « service ajouté ». Dans ce cas, les clients peuvent accepter de payer un prix plus élevé pour bénéficier d'avantages supplémentaires tout au long du cycle de vie du produit. Ensuite, l'attention peut se porter sur le service proprement dit. Le client reconnaît la valeur de la prestation et est disposé à en payer le prix. Mais il relie le prix aux moyens et aux ressources engagés, à savoir le temps passé ou la fourniture de pièces de rechange. Enfin, le client concentre son attention sur le résultat final. Le prix est alors davantage lié aux bénéfices qu'il en retire ou au succès de son entreprise.

Services ajoutés au produit

Dans le cas très simple d'une entreprise chargée de la distribution de l'eau, les services proposés autour du produit principal sont représentés sur le cycle de valeur de la Figure 9.1. En face des besoins du client à chaque moment de vérité apparaît un rectangle contenant des éléments de proposition de service.

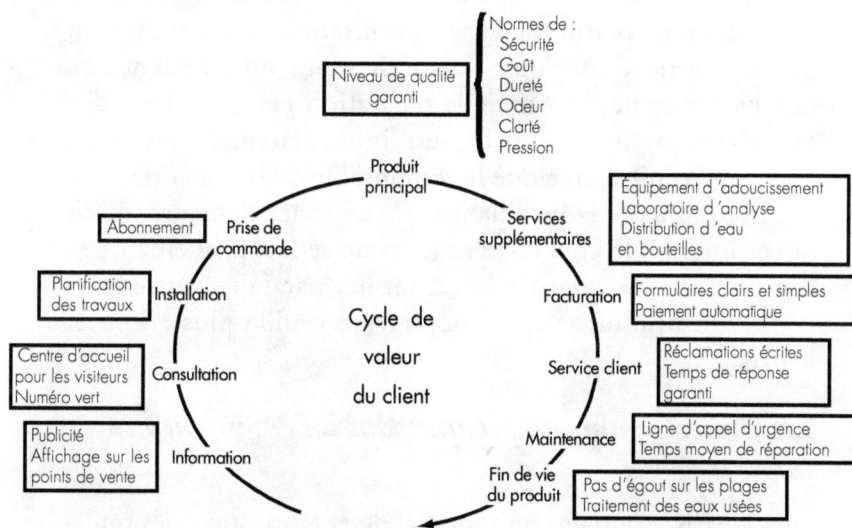

Figure 9.1 : Cycle de valeur pour la distribution de l'eau

Chaque élément est choisi de manière à optimiser la valeur pour le client potentiel et pour l'entreprise, et créer ainsi un avantage concurrentiel durable sur la cible visée. Mais le client est-il disposé à payer pour ces services ajoutés ? Au fil du temps, ces derniers risquent fort d'être intégrés au produit et de devenir des éléments d'accompagnement standards.

L'oxygène médical, par exemple, est distribué en bouteilles métalliques spécifiquement conçues pour en faciliter le transport et l'utilisation. Elles sont livrées avec des instructions de maintenance et de sécurité, et le client a à sa disposition un numéro d'appel d'urgence. Ces éléments de service sont suffisamment visibles, tangibles et importants pour justifier un prix beaucoup plus élevé que celui de bouteilles d'oxygène standards.

Citons un autre exemple. La division Systèmes Médicaux de General Electric a mis en place des systèmes permettant de surveiller à distance et en permanence les équipements installés. Des dispositifs placés à l'intérieur des machines en contrôlent la performance et l'utilisation. S'ils indiquent qu'une partie d'un équipement présente un problème ou une baisse de performance, la réparation peut se faire à distance. Sinon, un technicien est immédiatement envoyé à l'hôpital, avant même que le responsable de la machine ne se rende compte de la défaillance. Si ce service demeure invisible et intangible et si le technicien ne se fait pas remarquer, il y a un risque qu'il finisse, à terme, par faire partie intégrante du produit et que l'hôpital ne veuille plus en payer le prix.

Les services ajoutés au produit dans un environnement interentreprises

Lorsque SKF, numéro un mondial de la fabrication des roulements à billes et à rouleaux, décida de se réorienter vers les services, il créa la division Services Roulements dans le but d'offrir des solutions à ses clients, en leur vendant des services ajoutés à ses produits[1]. Les roulements sont des composants vitaux dans tous les secteurs industriels, qu'il s'agisse de machines-outils, de voitures, de camions ou de trains. Ils sont présents dans toutes les pièces qui tournent. Et avec la production de masse et le développement de la concurrence, les roulements sont devenus des produits tout à fait standards.

SKF opère sur deux marchés : le marché de première monte interentreprises (B2B) et le marché de deuxième monte.

- Le premier englobe tous les constructeurs d'équipements originaux, les équipementiers qui en achètent des quantités considérables et exercent une énorme pression sur les prix. Traditionnellement, ce marché est caractérisé par une production de masse, des normes élevées de qualité et de faibles marges.
- Le marché de deuxième monte concerne le remplacement des roulements et les ventes sont essentiellement réalisées par l'intermédiaire de distributeurs. Dans ce domaine, les principales exigences portent sur la disponibilité et les délais de livraison.

Pour se recentrer sur la relation client, l'entreprise SKF ajouta des services avant, pendant et après la vente (voir Figure 9.2). Ces services contribuèrent à améliorer le partenariat avec les équipementiers et à réduire la pression sur les prix. Cette coopération couvre divers domaines, depuis le codéveloppement au moment de la conception, jusqu'à l'aide au montage au niveau de l'assemblage.

La solidité de la relation repose sur une collaboration à tous les niveaux, un partage étendu des connaissances et du savoir-faire et éventuellement des investissements en équipements et en personnel dédiés chez le client.

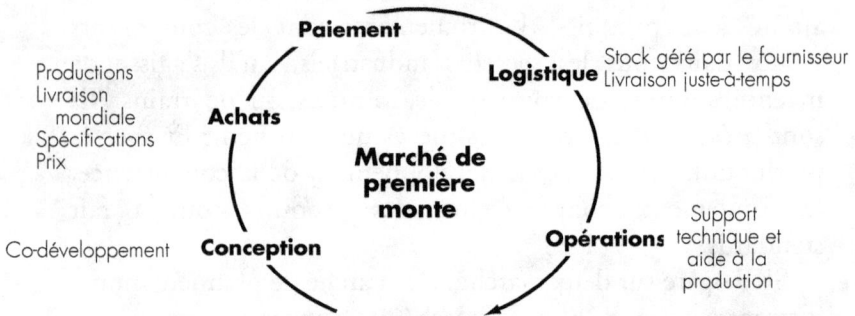

Figure 9.2 : Cycle de valeur d'un constructeur OEM

Des services séparés aux services complets

Il est parfois plus intéressant de dissocier les services des produits et de vendre les services séparément.

Air Liquide propose par exemple un certain nombre de services autour de la distribution de gaz : gestion des stocks et réapprovisionnement automatique, livraison sur le lieu de consommation, supervision à distance des installations, maintenance des équipements, formation et audits. Ces services peuvent être vendus séparément, mais leur prix reste très lié aux ressources qu'ils utilisent, au temps passé par activité, aux coûts salariaux ou aux pièces de rechange.

Il peut être cependant plus intéressant pour le fournisseur de fonder le prix sur les résultats perçus par le client. Sur le marché industriel de deuxième monte, le coût des roulements est négligeable par rapport à un coût d'arrêt de l'usine dû à un roulement en panne. Les utilisateurs cherchent donc à réduire avant tout les interruptions. Pour une papeterie, par exemple, la priorité est donnée au délai de reprise de la production après une panne.

170

Là encore, le cycle de valeur se révèle très utile pour mettre en évidence les besoins des utilisateurs sur le marché de deuxième monte (voir Figure 9.3).

Figure 9.3 : Cycle de valeur pour les utilisateurs du marché de deuxième monte

Ainsi, SKF a découvert que les besoins du marché industriel de deuxième monte sont toujours les mêmes, quelle que soit la région (voir Figure 9.3). La durée de vie du roulement joue un rôle primordial et varie en fonction de la qualité du produit, de son installation, de sa protection et du niveau de maintenance. L'essentiel du temps d'arrêt après panne est consacré à la localisation des roulements de remplacement ou à trouver l'expert capable d'aider à résoudre le problème.

La Figure 9.4 présente des éléments de proposition de service fournis par la division Services de SKF, par l'intermédiaire de centres de maintenance. Chaque pays a développé sa propre stratégie de service en fonction de la situation locale : création de nouveaux centres, « joint-ventures » avec des distributeurs locaux ou accords avec des entreprises industrielles disposant de leurs propres organisations de maintenance. Les clients paient pour les services proposés avant de payer pour les roulements.

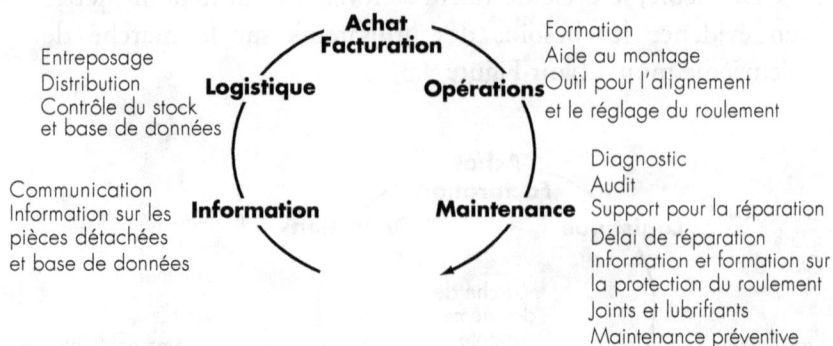

Figure 9.4 : Éléments de la proposition de service pour le marché de deuxième monte industriel

Des services complets fondés sur le résultat

Rolls-Royce loue ses moteurs aux compagnies aériennes et leur facture chaque heure d'utilisation. Il leur fournit donc un service complet englobant le conseil, l'expertise, la logistique, la maintenance et la formation. Pour ce faire, Rolls-Royce a dû élargir son rôle et sa présence en avant-scène, en détachant des équipes de spécialistes sur place, littéralement sous les ailes des avions. Il a pris l'entière responsabilité du service complet et il est rémunéré pour la valeur perçue par le client, mesurée en heures d'utilisation. Plutôt que de vendre uniquement un moteur, Rolls-Royce apporte aux clients le résultat qu'ils attendent et qu'ils sont prêts à payer.

Le même principe s'applique à un fournisseur de moteurs diesel qui vend des kilowatts/heures et non des installations, aux acheteurs de centrales électriques pour alimenter des villes ou des usines.

Avec le concept de support local client, Air Liquide se charge de toutes les activités liées au gaz sur les sites du client, selon les exigences de ce dernier et sous son contrôle. Ces activités d'« in-sourcing » peuvent mobiliser des ressources considérables de logistique, de maintenance ou d'audit, ainsi que des outils et équipements spéciaux et dédiés (voir Figure 9.5).

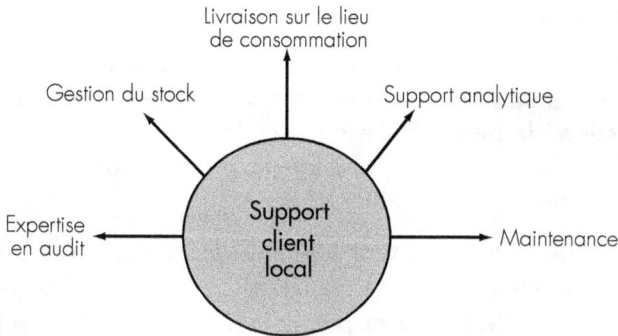

Figure 9.5 : Support client local

Examinons un autre exemple avec la société Service Master qui gère les services de nettoyage d'écoles, d'hôpitaux, de bureaux ou de sites industriels. En prenant en charge le personnel de ses clients et en utilisant des technologies et des méthodes éprouvées, Service Master peut réduire les coûts, les frais généraux et les effectifs, tout en améliorant la qualité du nettoyage.

L'engagement de chacune des deux parties est défini par un contrat qui fixe une garantie de performance concrète et les limites de responsabilité. La signature d'un nouveau contrat peut prendre des mois, voire des années, et ce n'est qu'au moment de cette signature que commence le vrai travail.

En résumé, on assiste à un déplacement du produit vers la solution

L'évolution du service simplement ajouté au produit vers le service complet offre la possibilité de sortir d'un océan

173

rouge sang où règne une concurrence impitoyable pour accéder à un océan un peu plus calme et bleu fondé sur le partenariat et la coopération. Jack Welch avait bien perçu cette orientation lorsqu'il occupait le poste de PDG de General Electric[2] :

> « Nous avions parfois un tas de managers qui se demandaient si nous allions vendre 50 ou 58 turbines à gaz ou quelques centaines de moteurs d'avion dans l'année, alors que notre division service avait la possibilité de gérer un parc installé de 10 000 turbines et de 900 moteurs. »

Pour être efficace, il faut observer de manière approfondie l'activité du client et être présent à ses côtés à la fois physiquement, électroniquement et psychologiquement. Ce besoin est encore plus apparent dans le secteur des « services purs », à l'autre extrémité du panorama.

Les services professionnels

Les services professionnels couvrent un très large éventail, de la publicité aux activités juridiques, en passant par le conseil. D'après Mark Scott[3] : « Tous les professionnels du service ont un point commun : leurs actifs sortent de l'entreprise tous les soirs et leur survie dépend des relations fragiles qu'ils entretiennent avec leurs clients. » Cela apparaît clairement sur le triangle des services (Figure 9.6). Ces professionnels sont des indépendants qui peuvent aisément couper le lien qui les relie avec la firme qui les emploie et partir avec leurs clients. Alors, l'entreprise doit à la fois chercher à les retenir en leur offrant de meilleures conditions et également fidéliser ces mêmes clients grâce à une solide réputation ou son image.

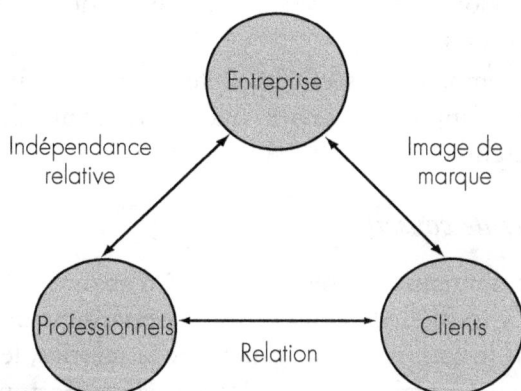

Figure 9.6 : Triangle des services pour les services professionnels

Nous retrouvons ce jeu du pouvoir et cet équilibre difficile à trouver entre nos trois protagonistes aux trois sommets du triangle des services. Et plus l'entreprise s'appuie sur le talent de ses professionnels, plus ceux-ci jouent de leur savoir pour garder une certaine indépendance vis-à-vis de la firme et des clients. Ils auront tendance à être plus proches de leurs pairs et de leurs associations professionnelles que de leur propre employeur. Au fur et à mesure qu'ils gagnent plus d'argent et développent leur réputation, leurs exigences portent davantage sur les défis qu'ils se donnent et l'intérêt ou le plaisir qu'ils retirent de leur travail.

Il est de ce fait particulièrement difficile de trouver le juste équilibre entre la nécessité d'organiser et de discipliner leurs activités et leur besoin d'indépendance. Les responsabilités de gestion sont souvent des postes temporaires. Les managers les plus efficaces sont ceux qui disposent d'une expertise professionnelle avérée et qui peuvent négocier un consensus sur les valeurs et les méthodes.

De leur côté, les clients attendent non seulement des résultats mesurables selon leurs propres termes, mais également une relation personnelle et rassurante, avec des explications compréhensibles.

Deux exemples de services professionnels vont montrer l'intérêt de l'approche service que nous avons développée jusqu'à présent.

Les sociétés de conseil

La matrice d'intensité de service permet d'analyser le positionnement des sociétés de conseil. En schématisant un peu, on trouve dans le coin supérieur gauche de la matrice, les sociétés de conseil en stratégie telles que McKinsey ou Boston Consulting Group qui proposent des solutions innovantes, à forte valeur ajoutée et conformes à l'état de l'art.

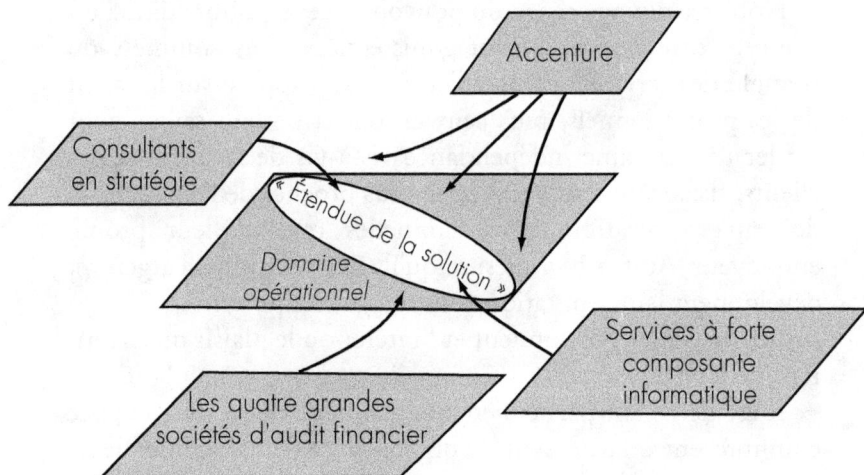

Figure 9.7 : Positionnement des sociétés de conseil

Dans le coin inférieur droit, les prestataires de services à forte composante informatique tels que EDS, Cap Gemini, les fournisseurs de logiciels et les intégrateurs système fournissent des applications assez classiques qui risquent, avec le temps, de devenir de plus en plus banales et, par conséquent, de plus en plus sensibles au prix. Pour quitter cette position inconfortable, ces sociétés cherchent à développer l'aspect conseil de leurs engagements. Elles tentent ainsi de remonter la chaîne de valeur – le long de la diagonale de la matrice – vers des solutions métiers plus intégrées.

Les quatre grands de l'audit (Ernst & Young, PricewaterhouseCoopers, KPMG et Deloitte) sont confrontés au même problème. Ces sociétés s'efforcent d'évoluer vers le conseil afin d'augmenter leurs honoraires, avec le risque d'être à la fois juge et partie. Notons que d'autres sociétés comme Accenture ont tendance à couvrir un champ d'activités très large le long de la diagonale, depuis la gestion des processus jusqu'à l'intégration des systèmes et du business tout entier.

Quant aux sociétés de conseil telles que McKinsey, elles ont pour vocation de transformer les organisations et de gérer les processus de changement. Quand ils arrivent chez leurs clients, les consultants doivent s'engager à fournir des résultats et, éventuellement, à partager les risques. Les clients attendent d'eux une forte implication et une bonne coordination avec l'équipe engagée. Ce travail en équipe très interactif est essentiellement un travail d'avant-scène à forte intensité de présence et d'expertise. Ces sociétés de conseil cherchent évidemment à conserver leur positionnement dans le coin supérieur gauche avec des projets innovants et stratégiques afin d'éviter de les laisser descendre le long de la diagonale, vers l'enfer de la banalisation (voir Figure 9.8).

De leur côté, les intégrateurs de système ont une orientation beaucoup plus « produit ». Les logiciels et les plateformes informatiques sont des produits développés et adaptés dans leur arrière-scène. L'activité d'avant-scène se concentre sur la distribution et la mise en place des applications.

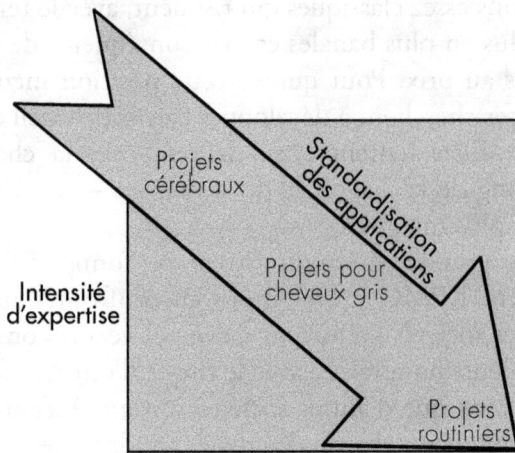

Figure 9.8 : Standardisation des services de conseil

Le service mix

Remonter la chaîne de valeur permet d'appliquer des *prix et honoraires plus élevés*, en recherchant la qualité avec moins de clients et des projets ambitieux plutôt que la quantité, en multipliant les projets et les clients. En se focalisant sur quelques clients clés avec lesquels ils peuvent établir des relations étroites et à long terme au niveau stratégique, les professionnels de haut niveau peuvent se concentrer sur les résultats et définir des tarifs fondés sur le succès obtenu. Ainsi, au lieu de facturer l'activité proprement dite et le temps passé, ils facturent la transformation réelle du client. Ils peuvent ainsi réduire simultanément leurs coûts marketing et opérationnels, et utiliser plus efficacement leurs collaborateurs. Et leur *présence globale* devient un avantage concurrentiel significatif lorsque les clients sont des sociétés internationales.

Au niveau opérationnel, l'*effet de levier généré par la spécialisation des consultants* constitue un autre facteur de réussite
important. Cet effet de levier s'obtient par la répartition des
tâches entre les partenaires, les managers et les consultants.
Ainsi, les partenaires ne doivent pas faire le travail des managers ou des consultants, de même que les médecins ne doivent
pas exécuter des tâches dont peuvent se charger les infirmières
ou les assistants administratifs. L'effet de levier se mesure au
nombre de partenaires par rapport aux managers, puis au
nombre de managers par rapport aux consultants (dans le cas
d'une organisation simple à trois niveaux). Chez Accenture,
par exemple, les rapports partenaire/manager/consultant sont
de l'ordre de 1:6:30. Dans un cabinet juridique classique, cet
éventail est moins accentué, de l'ordre de 1:2:4. La motivation
pour devenir partenaire devient très claire compte tenu de cet
effet de levier sur le salaire. De plus, les partenaires et les
managers facturent moins d'heures car ils consacrent davantage de temps aux activités commerciales, aux relations avec les
clients, à l'encadrement et au coaching.

Le *recrutement* et la *sélection* de collaborateurs de talent sont
les principaux facteurs qui influencent les résultats, le travail
d'équipe et la qualité de la relation avec les clients. Les grands
cabinets de conseil consacrent beaucoup d'énergie à recruter
de brillants « cerveaux », qui savent travailler en équipe sans
perdre de vue les résultats. La *formation* représente un autre
facteur majeur. Il s'agit de former au contenu (outils d'analyse
ou connaissance des marchés) et au travail d'équipe, sans
oublier les valeurs, les politiques et les processus de fonctionnement de l'entreprise. Le principal capital qui demeure dans
les entreprises de conseil est le savoir, un savoir qu'elles doivent
gérer, partager et distribuer au plus vite et avec la plus grande
efficacité.

Comme l'explique David Maister[4], « les sociétés professionnelles ne doivent plus penser en heures facturables ou non

facturables, mais penser plutôt selon trois catégories de temps : le temps pour le revenu (pour servir le client), le temps pour l'investissement (pour préparer l'avenir) et le temps individuel (pour tout le reste) ». Le temps pour l'investissement, en particulier, doit être focalisé sur la gestion du savoir.

Enfin, ces collaborateurs de talent sont entraînés et encadrés selon un style de management horizontal, à base de travail d'équipe, de « monitoring » et de « coaching ». Leur pratique se développe par l'exemple et des affectations soigneusement choisies pour les aider à développer leur expérience.

La culture est le résultat des comportements et des pratiques qui se tissent au cours du temps. Elle joue un rôle primordial pour assurer la qualité du résultat en orientant les comportements sans les figer. Quelques valeurs solides sont inculquées par l'exemple et la pratique. Elles sont gravées dans des devises du type « Care, share, dare » (« Attention, partage et audace »).

En conclusion, le succès, la réputation, l'image ou la marque des entreprises professionnelles, reposent essentiellement sur le talent des collaborateurs et le choix des clients ou de l'audience. Et les responsables de club de football ou les directeurs d'opéra en savent quelque chose.

Les courtiers et services financiers

Avec la déréglementation et le développement des technologies de l'information et des télécommunications, les sociétés traditionnelles de courtage financier ne peuvent plus ignorer la concurrence du courtage « discount » et du courtage en ligne.

Charles Schwab a été l'un des premiers à surfer sur la vague des courtiers discount en proposant aux investisseurs potentiels un accès direct au commerce des valeurs mobilières et en réduisant considérablement le coût de transaction. L'utilisation massive des nouvelles technologies lui a permis de déployer une stratégie multicanal incluant des agences et un service de courtage par téléphone dans un premier temps.

Les agences s'occupaient principalement d'ouvrir les comptes et d'aider les clients en cas de transactions importantes, tandis que le service automatique par téléphone leur permettait d'acheter, de vérifier l'état de leur compte et d'obtenir des estimations sans avoir à contacter un opérateur.

Suite au développement explosif du Web, Charles Schwab se tourna vers le e-business et fusionna le courtage discount avec le courtage en ligne, en donnant une formation et un accès Web à ses agents travaillant par téléphone et en agence.

Cette évolution spectaculaire est illustrée sur la matrice d'intensité de service de la Figure 9.9.

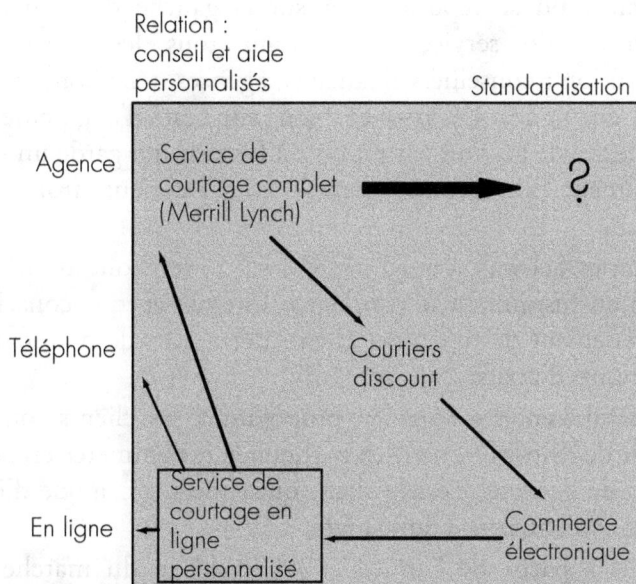

Figure 9.9 : Positionnement des sociétés de courtage

Plus les entreprises glissent dans le coin inférieur droit de la matrice, plus leur activité se banalise et subit une pression considérable sur les prix.

Pour survivre, Charles Schwab chercha à élargir la gamme des services proposés à différents segments de clientèle : un service de base pour les clients autonomes prêts à faire le travail eux-mêmes pour peu que le courtier effectue les transactions, des conseils et des outils supplémentaires pour les clients qui cherchent un conseil pour valider leur décision et enfin un service complet pour les clients qui veulent déléguer la décision à des conseillers financiers qui font partie d'un réseau affilié.

Comme l'information financière sous forme de bits informatisés peut se manipuler, se diffuser, s'enrichir et se personnaliser facilement à un faible coût marginal, Charles Schwab a pu se repositionner sur la gauche de la matrice d'intensité de service en utilisant tous les canaux de distribution : conseillers financiers, agences, téléphone, traitement en ligne. Le risque, bien sûr, est d'augmenter la complexité de gestion par rapport à E*trade qui garde un positionnement plus focalisé dans le coin inférieur droit de la matrice.

Charles Schwab a ainsi pénétré sur le territoire de Merrill Lynch en fusionnant le commerce Internet avec le conseil en investissement destiné à des clients détenteurs de portefeuilles importants d'actifs.

Merrill Lynch a réagi en proposant à ses clients tous les canaux de distribution et, en particulier, le commerce en ligne. En fin de compte, c'est le client qui choisit son mode d'interaction et l'entreprise doit suivre.

Mais à partir de l'année 2000, le déclin du marché des actions mit en relief les effets néfastes d'une expansion excessive et d'une médiocre maîtrise des coûts. Toute la profession et Merrill Lynch en particulier durent entreprendre une réorganisation massive. Le système se trouvait engorgé par la multiplication des petits comptes que les conseillers financiers ne pouvaient plus gérer correctement.

La segmentation de la clientèle devenait donc inévitable. Les conseillers financiers traitaient une moyenne de 550 comptes chacun, ce qui était beaucoup trop pour permettre une gestion cohérente des clients. En ramenant ce chiffre à 200, Merrill Lynch pouvait proposer « l'expérience ultime » avec des contacts plus fréquents, attentifs à chaque détail, et des réponses rapides en cas de problème. Le projet Supernova[5] permit de mettre en œuvre la méthode dite « 12-4-2 » qui déterminait le nombre minimum de contacts proposés à chacun des 200 clients par conseiller financier : 12 contacts proactifs par mois, dont quatre revues de portefeuille et deux réunions en tête-à-tête.

Le transfert des 350 comptes restants à un centre de conseil financier – un centre d'appel – suscita quelques controverses. Mais les propriétaires de ces comptes plus modestes étaient néanmoins régulièrement contactés par téléphone, au moins quatre fois par an.

La Figure 9.10 indique la position des deux segments qui ont remplacé le segment unique original. La répartition en segments plus homogènes a l'avantage de permettre une simplification des processus de traitement. Un processus bien focalisé sur chacun des deux segments est en effet plus efficace qu'un processus unique supposé satisfaire tous les clients.

Pour que le projet Supernova aboutisse, il fallait convaincre les conseillers financiers de changer de mode de fonctionnement en abandonnant leur rôle traditionnel de « chasseur » pour devenir « éleveur ». Il s'agissait moins de chasser et d'accumuler de nouveaux clients que de garder les meilleurs en les faisant fructifier et en évitant de les perdre. Pour ce faire, ils devaient adopter une approche plus disciplinée et collaborer de manière plus étroite avec des assistants chargés de filtrer les appels, de préparer et mettre à jour les dossiers, et d'organiser les rendez-vous.

Expérience riche avec
conseil et aide personnalisés   Standardisation

Contact personne
à personne

Service
complet
1 2-4-2

Conseil
financier
par centre
d'appel

Téléphone

Extension

Courtiers
discount

Service
personnalisé
en ligne

En ligne

Commerce
électronique

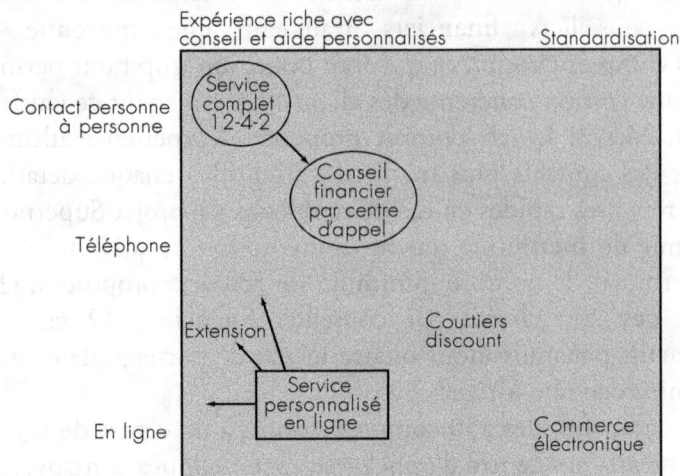

Figure 9.10 : Segmentation de la clientèle de Merrill Lynch

Le modèle du seau percé met en lumière les enjeux de cette réorganisation :

Une réforme culturelle de ce type ne peut réussir que si l'on est capable de mettre en place un processus de changement systématique comme nous l'expliquons dans le prochain chapitre.

550
comptes

Conseillers financiers
(« chasseurs »)
en quête de
nouveaux clients

Fuite importante
de clients
non satisfaits

Rotation
des conseillers
financiers

200
comptes

La majorité des nouveaux
clients qui se présentent
ont été convaincus par les
clients existants ou le
bouche-à-oreille.

Réduction de la fuite :
Les conseillers financiers
(devenus « éleveurs »)
améliorent la satisfaction
de leurs clients.
Le bououche-à-oreille
fonctionne mieux.
La gamme de produits
vendus s'élargit.

Réduction du niveau
de rotation des
conseillers financiers.
Meilleure productivité.

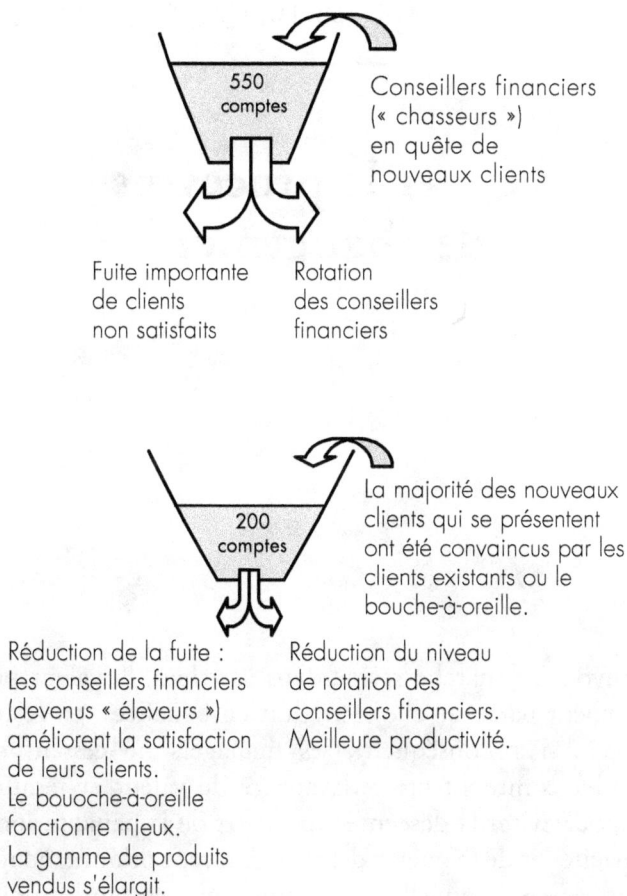

Figure 9.11 : Le modèle du seau percé

Chapitre 10

Gérer le processus
de changement

Le pouvoir du marché réside dans la valeur, la valeur perçue par le client parce qu'elle se traduit en bénéfices, en résultats, en succès. Par conséquent, les managers ne cessent de se demander comment créer davantage de valeur et réduire les coûts pour éviter la descente aux enfers de la banalisation, des surcapacités et de la guerre des prix. Un repositionnement stratégique, une nouvelle segmentation et une nouvelle proposition de service peuvent les autoriser à retrouver un nouveau souffle de valeur qui permette à leur entreprise de sortir des mers agitées par une concurrence furieuse pour retrouver des eaux plus bleues. Dans cette quête de supériorité solide, et si possible durable, les outils tels que la matrice d'intensité de service et le cycle de création de valeur peuvent se révéler d'une grande utilité.

Les dirigeants d'entreprise doivent en outre mettre en action ou relancer en permanence une dynamique d'amélioration continue afin de réduire les écarts de qualité, mieux exploiter les capacités et retrouver des possibilités d'ajustement à un rythme plus rapide que la concurrence. Mais comment trouver le juste équilibre entre standardisation et amélioration, entre continuité et changement, entre contrôle et accélération ? Et comment déployer cette dynamique d'amélioration transversalement le long des processus clés qui traversent l'organisation et relient l'avant-scène à l'arrière-scène ?

Ces processus sont comme des poutres : ils ont tendance à rouiller, à plier et puis éventuellement à casser. L'objectif est donc, pour éviter la dégradation naturelle, de bien faire la première fois, certes, mais de mieux faire la seconde fois, puis de réaligner les processus en réduisant le gaspillage aux interfaces. L'amélioration continue n'a pas de limite car les possibilités de créer de la valeur dans la poursuite du client sont infinies (voir Figure 10.1).

Un changement d'orientation, un repositionnement et un réalignement semblent des objectifs réalisables, en théorie, sur le papier, mais beaucoup d'entreprises échouent dès lors qu'elles passent à la pratique et à la mise en œuvre. Les stratèges du changement se réunissent volontiers dans des lieux sympathiques ou exotiques et en reviennent avec des propositions formidables. Mais les personnes auxquelles s'adresse le changement ne sont pas aussi enthousiastes que leurs managers voudraient le croire. Régulièrement submergés par des vagues de nouveaux programmes de changement au titre évocateur, ils ont tendance à développer une sorte de réaction immunitaire de défense. Ainsi, la démarche d'amélioration continue, qui englobe les trois mouvements de la qualité, réapparaît régulièrement sous un nouveau nom, même si le contenu est toujours le même. Contrôle de la qualité totale, gestion totale de la qualité, Kaizen, re-engineering des processus, Time-Based Management, Six Sigma, Lean Six Sigma, processus d'accélération du changement, c'est toujours la même formule dans un emballage différent.

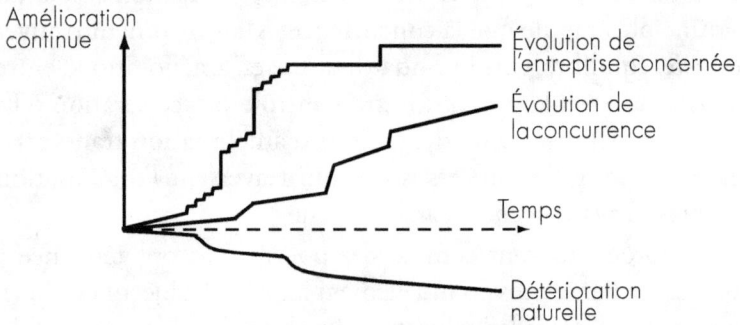

Figure 10.1 : La dynamique de l'amélioration continue

Souvent, l'enthousiasme de départ ne dure pas très long-temps, que ce soit en raison d'un manque de persévérance, d'un changement d'orientation, d'une pression excessive de la direction, de la promotion de la personne responsable du projet, ou tout simplement d'une faible motivation et d'une certaine résistance au changement (voir Figure 10.2).

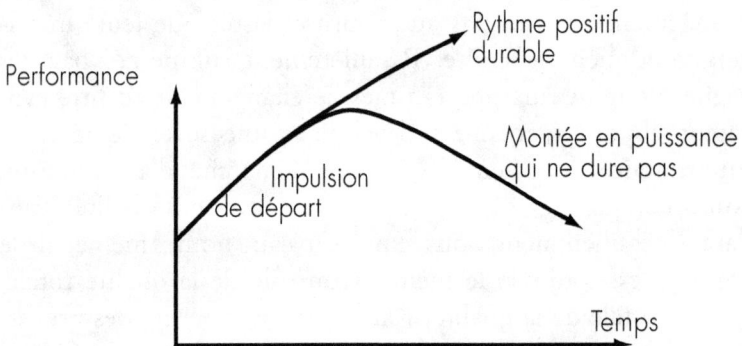

Figure 10.2 : Performance après l'impulsion de départ

Ce ne sont pas la vision, les concepts ou la théorie qui font défaut, mais plutôt la méthode et la persévérance. Le changement ne se fait pas parce qu'on le décrète. Il faut le guider à l'aide d'un processus systématique centré sur la mise en œuvre et l'action, une méthode systématique qui favorise l'initiative et la pratique.

Une comparaison simple

Pour illustrer les différents aspects du processus de changement, il suffit de prendre l'exemple simple d'une personne qui cherche à perdre du poids.

Suivre un régime requiert une approche systématique. Tout d'abord, vous devez accepter d'abandonner le confort des vieilles habitudes. Le rythme effréné de votre vie quotidienne vous offre de nombreux prétextes pour repousser à plus tard le régime dont vous avez besoin. Vous ne changez pas vos habitudes simplement parce que quelqu'un vous dit de le faire, mais parce que vous êtes convaincu que vous devez le faire. Le plus souvent, c'est une crise ou un grave problème de santé qui va vous décider à prendre les mesures d'urgence. Vous aurez alors besoin des conseils et du soutien de votre famille, de vos amis ou d'un médecin. Ensuite, les avantages et les nouvelles perspectives que vous entrevoyez si vous perdez du poids vous donnent le courage de commencer et d'établir un plan d'action.

Cette phase de préparation s'articule autour de quatre questions :

* pourquoi changer ?
* qui va vous aider ?
* quel est l'intérêt de la nouvelle perspective ?
* comment faire pour y arriver ?

Le succès repose sur la pratique et l'action. Dès que vos premiers efforts sont couronnés de succès, vous devez conserver vos nouvelles habitudes et les mettre en pratique aussi souvent que possible. À ce stade, il est important de faire le point régulièrement et de mesurer les progrès réalisés pour développer plus avant la dynamique de changement. Enfin, lorsque les nouveaux comportements deviennent des habitudes, vous cherchez à conserver ce que vous avez acquis. Vous vous donnez de nouvelles règles de vie.

L'action se décompose en trois étapes :

- *expérimenter* et apprendre. Les premiers succès ;
- *déployer* la pratique et garder le rythme ;
- *consolider* la pratique. Conserver ce qui a été acquis et définir les nouvelles règles.

La mise en œuvre d'un processus de changement dans l'entreprise se fait selon la même approche en quatre questions et trois étapes.

Les quatre questions

Pourquoi ? Établir un sentiment d'urgence

Y a-t-il suffisamment de gens mécontents de la situation actuelle qui ressentent le besoin de quitter leur zone de confort ?

À l'image d'un chariot qui passe régulièrement par les mêmes traces et dont les roues finissent par creuser des sillons, nous nous enfonçons peu à peu dans nos habitudes. Répétées pendant des années, les pratiques régulières se transforment en routines, en traditions, voire en doctrines. Installés dans notre zone de confort, enfoncés dans nos habitudes, nous nous attachons au *statu quo* en ignorant les signaux négatifs, en cherchant plutôt à confirmer et à renforcer nos convictions, sans trop nous préoccuper de l'avenir. Dans ce contexte, seulement une source importante de mécontentement ou un sentiment d'urgence peuvent nous pousser à sortir du sillon habituel pour emprunter une voie nouvelle et incertaine. Le plus souvent, les gens ne changent pas quand on leur dit qu'il existe de meilleures options, mais quand ils n'entrevoient pas d'autre solution !

Le même principe s'applique à tout processus de changement dans l'organisation. La première condition est l'insatisfaction de la situation en cours. C'est le plus souvent une situation de crise qui va secouer l'organisation, menacer ou anéantir les intérêts établis et provoquer l'urgente nécessité de quitter la zone de confort. Parfois, il faut brûler les vaisseaux pour convaincre d'avancer. Jules César, après avoir traversé le Rubicon avec son armée, fit brûler tous les navires afin d'éliminer toute possibilité de fuite et de retour en arrière.

Quand la crise menace et qu'il n'y a plus d'autre choix, chacun reconnaît la nécessité de changer et de tester une nouvelle voie. C'est la situation qui dicte aux gens ce qu'ils doivent faire. Le désir de survivre est plus fort que l'angoisse suscitée par le mouvement et les risques du changement.

En revanche, si l'entreprise continue de bien tourner et a besoin d'un réalignement pour faire face à des défis futurs, les dirigeants devront déployer une énergie considérable pour convaincre les employés de la nécessité de changer. Il leur faudra dramatiser la situation et peindre en noir la crise qu'ils anticipent. Il leur faudra mettre en avant les menaces qui se dessinent, les faits réels objectifs, mais aussi la formidable opportunité du changement.

C'est ainsi que, menacé par l'apparition de dizaines de sites de courtage en ligne qui banalisaient son activité de base, Merrill Lynch a pris toute la mesure du danger et repositionné sa proposition de service afin de mieux répondre aux besoins de ses clients, comme nous l'avons vu dans le chapitre précédent.

Informer, éduquer et convaincre les gens peut se révéler une tâche épuisante, sauf si les symptômes et les problèmes sont bien mis en évidence. Cela peut se faire par des comparaisons systématiques d'activités similaires (les fameux « benchmarks »).

La confrontation à la situation objective à l'aide d'indicateurs tangibles et explicites tels que le gaspillage, les stocks inutiles, le temps perdu, ou la non-fidélisation des clients, peut aider à la prise de conscience. Une autre façon de favoriser cette prise de conscience consiste à faire parler les clients qui ne sont pas satisfaits ou à inviter les non-clients.

Un diagnostic clair appuyé par des faits, des résultats et des comparaisons devraient réveiller l'organisation, mais la direction peut également exprimer sa détermination en émettant des signaux forts, sous forme de réorganisations majeures, de plans de licenciement ou de réduction drastique des budgets.

Lorsque le président-directeur général de SKF décida de modifier l'orientation stratégique de l'entreprise en remplaçant la vision traditionnelle tournée vers le produit par une approche marché et services, il secoua la culture établie, en prenant une décision audacieuse. Il éleva le statut des équipes commerciales du marché de deuxième monte au même niveau que celui des centres de production. La création de la division Services Roulements indiqua clairement la nécessité de développer une nouvelle culture de service.

Qui ? Un groupe support et un comité de pilotage

Qui va aider à développer la nouvelle vision et, surtout, à en organiser et guider la mise en œuvre ? Qu'il s'appelle comité de pilotage, conseil exécutif, équipe de mise en œuvre nationale, bureau d'amélioration des processus ou centre d'expertise, ce groupe sera chargé de guider et de piloter le processus de changement.

Sa première tâche est d'aider à définir la nouvelle orientation et de susciter la motivation et l'enthousiasme nécessaires pour l'atteindre. Il lui faudra ensuite analyser le paysage politique afin de déterminer quels sont les principaux acteurs, quelle est la source de leur pouvoir, quels sont les principaux obstacles et contraintes, et par où commencer pour mettre toutes les chances de son côté.

Au cours de la mise en œuvre, le comité de pilotage aide à communiquer et à expliquer la nouvelle vision. Il organise des revues de projet au cours desquelles un solide dialogue aboutit à une claire mesure des engagements. La performance et le résultat doivent être récompensés.

Lorsque la nouvelle culture est bien implantée, le comité de pilotage définit les nouvelles règles du jeu, les nouvelles normes et valeurs, les nouveaux dispositifs de récompense et de motivation alignés sur la mesure de la performance.

Quoi ? Développer une nouvelle vision convaincante

Il est risqué de déstabiliser l'organisation et de faire sortir les gens de leur zone de confort sans leur offrir en échange une nouvelle vision convaincante qu'ils sont prêts à partager.

Où est la Terre promise ? Les Hébreux étaient prêts à abandonner leur vie d'esclaves lorsque Moïse leur promit une terre de lait et de miel. Une belle métaphore pour indiquer qu'il y aurait à manger tous les jours avec un petit extra de temps en temps. Sa promesse était vague, mais convaincante. En fait, ils eurent plus que ce qu'il avait promis. Il les aida à construire une nation.

La vision proposée doit faire sens pour susciter l'intérêt et aider chacun à comprendre le pourquoi du changement appliqué à son travail. Chacun sera capable d'internaliser les orientations stratégiques et de comprendre l'importance de tisser ou retisser de la coopération entre différentes entités. L'énergie est canalisée dans le bon sens et les ressources sont affectées à des projets liés aux priorités stratégiques.

La tâche la plus délicate est de diriger le changement en restant fidèle à l'objectif, tout en restant suffisamment souple pour libérer les énergies et encourager la participation. La

193

feuille de route n'est que légèrement remplie afin de garder une certaine marge de manœuvre pour tenir compte des particularités locales, surtout quand il s'agit de l'aspect service sur l'avant-scène.

Pour vendre cette mission à l'intérieur de l'organisation, il est judicieux d'utiliser un thème fort, facile à saisir, à communiquer et à mémoriser. L'un des thèmes choisis par SKF était : « Nous sommes dans le business des opérations sans souci ». Peu importe le type de roulement qu'il faut entretenir ou remplacer et son numéro de modèle, le client veut avant tout un fonctionnement sans souci et une machine la plus fiable possible.

L'objectif étant fixé, la question suivante est de savoir comment l'atteindre.

Comment ? Analyser la situation et décider comment y arriver

Une fois le sentiment d'urgence bien perçu et la nouvelle vision bien comprise, il faut dresser le plan de bataille et déterminer la route à suivre. Il faut s'attendre au début à une certaine confusion. Clayton Christensen[1] a d'ailleurs montré que les produits et services innovants réussissent rarement lors de leur premier lancement.

C'est pourquoi, afin d'éviter cette confusion de départ et des réactions immunitaires trop fortes, la mise en place sera progressive. Les premières expérimentations et réussites serviront de projets pilotes qui donneront au mouvement une certaine crédibilité et joueront le rôle de prototypes. Ces premiers projets auront suffisamment d'envergure et seront de préférence transversaux. Leur choix portera essentiellement sur les parties de l'organisation offrant le plus de possibilités d'action, en fonction des acteurs, de leur jeu de pouvoir et des contraintes.

Le choix des personnes et des équipes est parfois plus important que le contenu même du projet, car il est primordial de rester flexible et de coller aux situations locales, notamment lorsque domine l'aspect service.

Le modèle classique de diffusion du changement de la Figure 10.3 aide à comprendre comment procéder. Le mouvement est le plus souvent amorcé par les innovateurs qui sont prêts à prendre des risques et à relever le défi. Ces innovateurs seront sélectionnés pour leurs motivations et leurs compétences, mais ils auront surtout besoin d'espace pour manœuvrer et expérimenter. Ils auront la responsabilité du projet et disposeront des ressources nécessaires.

Les premiers adoptants représentent le groupe suivant, convaincu par les innovateurs. Les personnes à viser sont les leaders d'opinion – des personnes respectées qui ont de l'influence, des responsables qui contrôlent d'importantes ressources ou des managers locaux de branches ou d'agences sur l'avant-scène. Viennent ensuite les suiveurs qui n'adoptent la nouvelle approche que lorsqu'ils peuvent constater des résultats visibles et tangibles.

Reste enfin le groupe des non-croyants ou des résistants, qui ne ressentent pas l'urgence de la situation et n'ont pas de raison de changer.

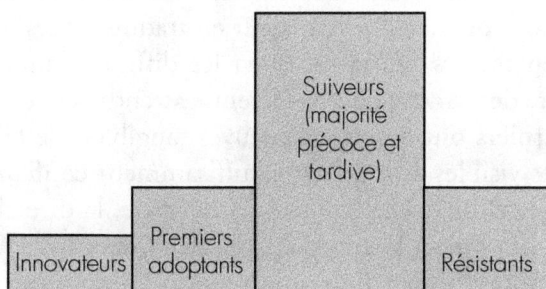

Figure 10.3 : Le modèle de diffusion

Le plus difficile est de gérer la transition d'un groupe à l'autre et de trouver le bon rythme, en sachant que certaines personnes comptent plus que d'autres car elles apportent de l'énergie, du savoir ou sont capables de convaincre leur entourage.

Il ne faut surtout pas polariser la situation en opposant les innovateurs aux non-croyants. Ces derniers ont certainement des arguments qu'il faut entendre. Et réussir à convaincre l'un d'entre eux peut avoir une importance décisive sur les autres.

Les trois étapes de la mise en place

Comme nous venons de le voir, la phase de préparation consiste à répondre aux quatre questions « pourquoi ? », « qui ? », « quoi ? » et « comment ? ». L'action et la mise en œuvre se déroulent ensuite en trois étapes.

- *Phase de démarrage* : quelques champions testent la nouvelle approche et amorcent le processus à l'aide d'expérimentations pilotes. Puis le processus prend de l'élan, en entraînant avec lui un certain nombre de leaders d'opinion. À ce stade, la direction doit veiller à créer un climat favorable, à protéger les innovateurs et leur allouer les ressources et le temps nécessaires.
- *Phase de déploiement* : Les premiers adoptants et les leaders d'opinion jouent un rôle majeur en traduisant les nouvelles idées en termes pratiques et en les diffusant auprès de la majorité des suiveurs qui préfèrent « attendre et voir venir ». Ces derniers ont besoin de preuves tangibles, de faits et de mesures visibles avant d'avoir suffisamment confiance pour s'engager dans le changement. À ce stade, la direction doit définir des objectifs ambitieux et clairs, mesurer et récompenser la performance.
- *Phase de consolidation* : à cette dernière étape, les comportements s'alignent dans le même sens, selon les nouvelles

règles, les nouvelles normes et les valeurs qui consolident la nouvelle culture.

Les obstacles et les contraintes sont en règle générale faciles à identifier. Ils sont le plus souvent provoqués par des conflits de territoire entre silos ou baronnies solidement implantées. Ils résultent également d'une paralysie provoquée par une bureaucratie intrusive ou des procédures devenues trop complexes ou dépassées. Le manque de communication entre les départements, une trop grande fragmentation ou un nombre excessif de niveaux hiérarchiques peuvent également avoir un effet néfaste.

Le vrai défi consiste à trouver le courage de faire face à ces problèmes. Dans ce contexte, conduire le changement signifie qu'il faut trouver et motiver les champions, s'engager et choisir les priorités en appliquant le niveau de tension qui convient. En effet, trop d'ambition conduit au stress, à l'épuisement et au découragement, tandis qu'une ambition insuffisante conduit à la complaisance et à l'apathie.

Diriger veut également dire donner l'exemple et surtout les ressources nécessaires pour déployer le processus à travers l'organisation. Au fur et à mesure que les nouvelles idées et habitudes se diffusent, le style « animation » est progressivement remplacé par un style « programmation », une démarche plus directive qui établit les nouvelles valeurs, les nouvelles règles et de nouveaux modes de mesure et de récompense.

La phase de démarrage – expérimenter et apprendre : les premiers succès

La pratique commence par des expérimentations pilotes qui permettent de tester et d'ajuster la démarche, car il s'agit de tracer rapidement la nouvelle route. Expérimenter consiste à se tromper souvent pour réussir plus vite. La route se dessine au fur et à mesure que l'on avance par essais-erreurs dans un territoire inconnu. Le comité de pilotage doit rechercher les parties de l'organisation qui sont les plus susceptibles d'obtenir rapidement des résultats. Il doit notamment trouver et choisir les acteurs clés, les innovateurs, les champions qui sont prêts et capables de relever le défi. À ce stade, savoir qui doit faire le travail peut être plus important que savoir ce qui doit être fait.

Les premiers projets seront des projets transversaux et d'une certaine ampleur, mais réalisables dans des délais raisonnables. Ils permettent de créer de solides poches d'innovation, des têtes de pont crédibles qui attireront l'attention de la direction et l'intérêt des collègues.

Quatre facteurs multiplicatifs interviennent dans la conversion des premières tentatives en réels succès (voir Figure 10.4). Ces facteurs se compensent les uns les autres. La motivation des champions et des équipes de projet peut par exemple compenser un niveau de compétence ou d'expérience plus faible. Plus le défi est important, plus les résultats de l'expérimentation seront crédibles, mais dans ce cas, les risques encourus doivent être compensés par un contexte plus favorable et encourageant, sans quoi c'est l'échec assuré. Par exemple, supposons que je sois motivé à jouer du piano et que je sache en jouer. Il me faut alors choisir la musique qui convienne et le niveau de difficulté adéquat, mais si je n'ai pas de piano et pas suffisamment de temps pour travailler, je n'y arriverai jamais. J'ai besoin d'un contexte favorable qui me protège et me donne les ressources nécessaires.

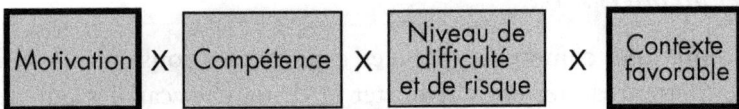

| Motivation | X | Compétence | X | Niveau de difficulté et de risque | X | Contexte favorable |

Figure 10.4 : Les quatre facteurs qui déterminent les chances de réussite d'un projet

© Groupe Eyrolles

Il faut donc protéger l'expérimentation et donner à l'équipe responsable les moyens d'agir, autrement dit les ressources et, plus précisément, le temps nécessaire. L'expérience montre que le projet a plus de chances de réussite si les membres de l'équipe sont sortis de leur contexte journalier et sont affectés au projet à plein-temps.

Ces projets seront attentivement observés par le reste de l'organisation, en particulier par les leaders d'opinion, les managers locaux de l'avant-scène et les responsables qui contrôlent l'accès aux ressources importantes. Une fois convaincus, les premiers leaders d'opinion jouent un rôle essentiel dans la diffusion du mouvement car ils traduisent l'expérimentation en des termes et des pratiques facilement compréhensibles et acceptables par le reste de l'organisation. Ils sont en outre bien placés pour communiquer la démarche de changement et convaincre un certain nombre de suiveurs. À ce stade, l'exemple et le bouche-à-oreille sont les méthodes de communication les plus efficaces et il ne faut pas sous-estimer le rôle des responsables intermédiaires ou des directeurs locaux de région ou d'agence. Les gens changent d'autant plus volontiers qu'ils voient leurs voisins ou leurs collègues accepter le changement et en profiter.

La phase de déploiement

Une fois le mouvement lancé, il commence à se répandre dans l'organisation, mais le processus de changement est désormais mieux compris et la communication peut mieux s'articuler et se déployer. Elle consiste d'un côté à déstabiliser l'organisation en convainquant chacun de l'urgence du changement, mais de l'autre côté à montrer les aspects positifs de la nouvelle approche. L'utilisation d'un thème fort, facile à saisir et à mémoriser, permet alors d'attirer l'attention et de susciter l'intérêt. Mais les déclarations publiques, les chartes, les exhortations, les campagnes d'affichage, les slogans, les bulletins d'information,

199

les conférences et les prêches en tout genre ne sont utiles que lorsqu'ils sont suivis d'une mise en pratique. Sans quoi, ils ne sont rien de plus que des incantations rituelles.

On ne change pas une organisation par simple proclamation ou par décret. Elle changera uniquement par la pratique et la transformation d'essais et de tentatives en réussites. Là encore les quatre mêmes facteurs interviennent, mais de manière différente (voir Figure 10.5).

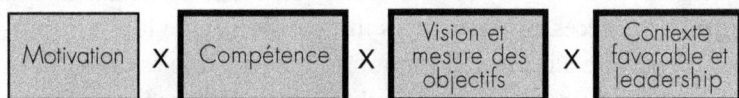

| Motivation | X | Compétence | X | Vision et mesure des objectifs | X | Contexte favorable et leadership |

Figure 10.5 : Révision des quatre facteurs qui entrent en jeu

Motivation

Pourquoi changer ? Qu'est-ce que j'y gagne ? Quels sont les inconvénients, les risques, les avantages ? Aurai-je un meilleur contrôle et plus de pouvoir ou au contraire, moins de soucis et de responsabilités ? Suis-je capable de faire face au changement ? Quels sont les gains, les récompenses, les possibilités de promotion ? Ces quelques questions permettent de mesurer la motivation de chacun. Rajoutons le fait que désapprendre est plus difficile et coûteux qu'apprendre quelque chose de nouveau. Lorsque ce facteur de motivation devient de plus en plus difficile à gérer et à développer au fur et à mesure que se déploie le changement, d'autres facteurs peuvent le compenser.

Compétence

La formation peut renforcer la confiance en soi, le sentiment de maîtrise et le désir d'essayer des choses nouvelles. Associée à l'action, elle génère de nouveaux comportements, idéalement à travers de longues périodes d'immersion pour essayer et adopter la nouvelle pratique.

Buts et objectifs

Au fur et à mesure que la nouvelle route se dessine et que la mesure des résultats s'améliore, il devient possible de fixer des objectifs et d'évaluer la performance. La mesure est indispensable pour agir et progresser. Les indicateurs les plus utiles ne sont pas les mesures et les résultats financiers car ils interviennent trop tard. Mieux vaut se concentrer sur des indicateurs tangibles directement liés au processus, comme le temps perdu, les retards, la capacité gaspillée, les stocks inutiles, les défauts, les non-valeurs ajoutées, les temps de cycle, la création de valeur, la satisfaction du client ou sa fidélité. C'est au chef de projet et à son équipe qu'il revient de trouver le bon niveau d'ambition : en effet, un challenge qui dépasse les compétences génère de l'angoisse, tandis qu'un challenge en deçà conduit à l'ennui ou à une perte d'intérêt.

L'un des plus grands risques lors du déploiement est d'éparpiller les ressources sur un trop grand nombre d'idées et de projets. Il est donc essentiel de coordonner et de canaliser le processus de changement en le reliant à la vision d'ensemble et aux orientations stratégiques. Il incombe au comité de pilotage de déterminer la vitesse et le rythme du changement en examinant le flux des projets, en définissant les priorités et en allouant les ressources. Il encouragera le transfert, le partage, l'enrichissement et l'adaptation des meilleures idées et pratiques au-delà des cloisonnements qui séparent les différentes entités de l'entreprise.

Contexte favorable et climat de confiance

Expérimenter veut dire avoir le droit à l'erreur et apprendre de ses erreurs. Les obstacles à l'expérimentation (multiplication des niveaux hiérarchiques, bureaucratie paralysante ou baronnies solidement implantées) doivent être repérés, déplacés ou éliminés avec détermination. Lorsque le contexte est favorable, les employés comprennent qu'écouter et agir est dans leur intérêt.

Ils deviennent responsables de leurs résultats. Les récompenses et la reconnaissance doivent être alignées sur leur performance.

La communication s'enrichit des résultats et des données comparatives. Lorsque ces résultats sont publiés, la pression des pairs et des collègues constitue un excellent moyen de convaincre les indécis. Qui accepterait de rester à la traîne ou d'obtenir de moins bons résultats que ses collègues ?

Les valeurs et les comportements sont renforcés lorsque les employés constatent que telle ou telle personne n'a pas eu de promotion, est partie en retraite anticipée ou a été écartée. Le temps et les ressources alloués sont également un bon indicateur des priorités de la direction.

Les managers affichent leur engagement non seulement en répétant inlassablement le même message sous toutes les formes possibles, mais aussi en rendant régulièrement visite à leurs collaborateurs et en mettant en pratique ce qu'ils prêchent. Comme le dit la maxime, « on apprend davantage de l'observation que de la conversation ».

Au fil de son déploiement, le processus de changement passe du mode « tiré » au mode « poussé ». En d'autres termes, après avoir impliqué et attiré un maximum de personnes, il faut passer à un mode plus directif et mettre une pression suffisante pour indiquer aux suiveurs tardifs et aux non-croyants les nouvelles valeurs, les nouvelles règles du jeu, les nouveaux systèmes d'évaluation et de récompense.

La possible conversion de certains résistants peut accélérer le processus, mais leur refus du changement et leur opposition peuvent aussi avoir un effet corrosif. Il faudra alors les neutraliser ou les écarter. Dans l'idéal, leur conversion sera facilitée par l'accumulation de résultats et de faits objectifs, par des attentes claires en matière de performance et par la pression de leurs collègues.

La phase de consolidation et d'alignement

Ainsi, les nouvelles pratiques deviennent une sorte de deuxième nature, une manière de faire tout à fait normale et habituelle.

La culture d'une entreprise est constituée d'un ensemble d'hypothèses, de valeurs et de règles communes qui ont été apprises et distillées par la pratique. L'organisation est donc « remodelée » autour de nouvelles normes, de nouvelles procédures opérationnelles et de systèmes permettant de conserver l'acquis. Pour que le changement reste durable, les nouvelles règles et modes de gestion sont institutionnalisés.

Que deviennent nos quatre facteurs durant cette phase de consolidation ?

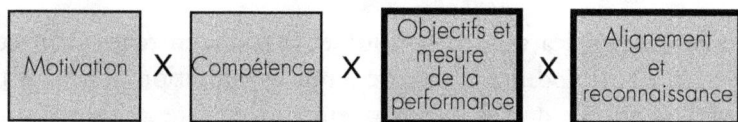

Figure 10.6 : Facteurs de consolidation

Désormais, l'accent est mis sur la mesure de la performance et l'alignement des récompenses. Les acteurs déterminent leur comportement en fonction des nouvelles ressources et contraintes définies par les nouveaux systèmes d'évaluation.

Dans une équipe de foot, lorsque les attaquants sont évalués en fonction du nombre de buts qu'ils marquent, ils ont tout intérêt à marquer, mais pas nécessairement à aider leurs coéquipiers. En revanche, si les passes sont également prises en compte dans leur évaluation, il devient plus avantageux d'aider les autres joueurs à marquer. Dans un tout autre domaine, si les conseillers financiers ne sont récompensés que lorsqu'ils gagnent un nouveau client, ils ne s'intéresseront pas beaucoup à la perte de ces mêmes clients au cours du temps. Mais si le système de récompense tient compte à la fois du nombre de nouveaux clients et du nombre de clients fidélisés, les conseillers adopteront un comportement adéquat.

Pour renforcer la coopération entre plusieurs départements dans le domaine de la maintenance aéronautique, deux critères d'évaluation sont pris simultanément en compte, quels que soient les incidents survenus pendant le contrôle : la mesure de la qualité à chaque étape et le temps de maintenance total. Lorsque les systèmes d'évaluation mettent en lumière les interconnexions entre unités différentes – en l'occurrence, le temps de maintenance total – les opérateurs comprennent qu'ils doivent coopérer et ils changent leur comportement en conséquence.

Conclusion

Pour réduire l'écart entre la vision et l'action, entre le savoir et le faire, pour modifier la culture d'une organisation, il ne suffit pas d'un simple décret. Le changement doit être guidé par un processus systématique. Certes, il est important d'avoir des idées et de l'inspiration, mais la mise en œuvre nécessite beaucoup plus de transpiration et de persévérance. Comme le dit la maxime : « Un pour cent d'inspiration et quatre-vingt-dix-neuf pour cent de transpiration. »

Conclusion

Tout au long de cet ouvrage, j'ai essayé de convaincre le lecteur que toute entreprise pouvait être observée selon deux perspectives, une perspective produit et transformation physique à l'arrière, et une perspective service et relation client à l'avant ; une perspective verticale de division du travail à l'arrière, et une perspective transversale et intégrée à l'avant ; une perspective de production de masse et d'économie d'échelle à l'arrière, et une perspective de personnalisation et d'élargissement de l'offre à l'avant, une perspective tournée vers le tangible et une perspective tournée vers l'expérience. Et cette double perspective permet de mettre en relief les problèmes spécifiques de gestion des services.

Trop souvent, la perspective privilégiée est la perspective industrielle technique, héritée de notre histoire économique. Par exemple, la semaine de 35 heures peut s'inscrire dans un cadre industriel compte tenu des gains de productivité potentiels, mais elle conduit à un non-sens sur l'avant-scène en raison de la flexibilité requise, de la variabilité de la demande et des difficiles gains de productivité.

Il ne s'agit pas de choisir une approche aux dépens de l'autre, mais de les considérer simultanément pour faire jouer la dialectique et mettre en route la dynamique libérée par leur contraste. C'est un problème de triangulation. Pour se positionner, il faut avoir deux points de référence, deux points de vue. Ce besoin de positionnement, puis de rééquilibrage se retrouve dans tous les secteurs de l'économie.

Je n'insisterai pas sur les références bien connues de l'armée ou de l'église. Certes, la tendance actuelle est une armée sans colonel pour laquelle l'improvisation et la rapidité de réponse en fonction des circonstances locales font que les équipes sur le terrain peuvent commander directement l'intervention de l'aviation ou de l'artillerie sans passer par la hiérarchie arrière. Mais cette perspective n'exclut pas l'uniforme, l'uniformisation de certains modes de comportement et la hiérarchie, la spécialisation ou l'organisation de la logistique arrière. Une approche nourrit l'autre.

Ce débat est particulièrement sensible dans le domaine de la santé et de l'école. Michael Porter et Elizabeth Olmsted Teisberg[1] proposent d'introduire dans la gestion des soins une logique de concurrence fondée sur les résultats, des résultats mesurés au niveau des patients selon des conditions médicales spécifiques (diabète, hernie, maladie chronique des reins…). Ces résultats sont bien sûr multidimensionnels, qu'il s'agisse du temps de rétablissement, de la qualité de vie ou du bien-être émotionnel pendant le traitement. Les deux auteurs conseillent de focaliser l'organisation des soins selon des lignes de service intégrées, regroupant les spécialités traditionnelles (radiologie, cardiologie, chirurgie…) et les fonctions partagées (salles d'opération, imagerie, services spécialisés). Il s'agit d'une intégration selon le trajet du patient, mais également selon le cycle complet de soins dans le temps.

Le contraste entre ces deux perspectives, spécialisation et intégration, permet de faire jouer une dynamique d'ajustement, selon les circonstances et les conditions locales, entre l'expertise médicale et le résultat perçu par le patient. La logique « tirée » par l'aval, focalisée sur la valeur et les résultats au niveau du patient, vient contrebalancer la logique verticale traditionnelle « poussée » de l'amont qui délivre des soins hautement spécialisés, mais fragmentés.

Dans son dernier livre, William Ouchi[2] prend le contre-pied de l'approche traditionnelle centralisatrice et égalisatrice des systèmes d'éducation. Selon ses conclusions, chaque directeur d'école doit être un entrepreneur capable de gérer son budget et le recrutement de ses enseignants. Il encourage une gestion horizontale des équipes, tournée vers le résultat au niveau élémentaire de la classe. La bureaucratie traditionnelle peut se justifier dans un environnement stable qui s'accommode de règles établies au niveau central. Mais dans un environnement non routinier, les décisions ne doivent plus remonter les hiérarchies, mais s'adapter aux situations locales. Le choix des programmes ou du matériel pédagogique doit rester assez libre dans le cadre ouvert des directives venant de l'arrière. Chacun se sent responsable des résultats, du budget ou des conditions de travail. Il ne s'agit pas simplement de décentralisation, mais d'un travail d'écoute des besoins particuliers et de compréhension des circonstances locales. La mesure et la publication des résultats permettent aux familles d'exercer un vrai choix.

Nous retrouvons une logique de service différenciée, horizontale et locale qui contraste avec l'approche égalisatrice, verticale et centralisée traditionnelle.

En élargissant le débat, faut-il craindre une uniformisation des cultures compte tenu de la banalisation et de la globalisation des produits culturels ? Faut-il se focaliser sur l'aspect visible et tangible de l'offre globalisée de ces produits ? À l'encontre de cette vision focalisée sur l'arrière-scène, notons que ces produits vont servir de matériaux à des expériences et des constructions culturelles locales et diversifiées. Les nouveaux outils de communication comme le Web permettent de créer une énorme variété d'expériences locales. Les différences culturelles auront tendance à s'exprimer davantage d'un individu à l'autre au niveau local, plutôt que d'une nation ou d'une région à une autre. Il s'agit, encore une fois, d'une dialectique qui enrichit le débat.

Dans cet ouvrage, j'ai, bien entendu, concentré mon attention sur le côté service de l'avant-scène. Pour autant, je pense qu'au cours des années à venir, l'arrière-scène va s'ouvrir et devenir plus visible. Là où, traditionnellement, les responsables de la production ont cherché à optimiser l'efficacité et à protéger leurs opérations des perturbations extérieures, la pression du marché va rendre leur position de moins en moins tenable. L'arrière-scène va être obligée de s'ouvrir et de se réinventer car tout ce qui peut se définir précisément et se standardiser va se délocaliser ou s'automatiser. Elle devra tisser des liens plus directs avec le marketing et la distribution. De plus en plus présents, les clients influenceront l'organisation plus profondément, en pénétrant les zones les plus éloignées et en renforçant l'importance d'une bonne coordination entre l'arrière-scène et l'avant-scène.

Même si nous sommes tous plus ou moins dans les services aujourd'hui, nous le serons encore davantage dans les années à venir, quand les producteurs devront déployer le potentiel de service de leurs usines ou de leurs installations : possibilité de construire des prototypes dans les plus brefs délais, capacité de s'adapter à des demandes plus variées (personnalisation de masse) et volonté d'aider les clients en leur apportant une expertise technique et des services d'installation et de maintenance. L'avenir appartient à ceux qui sauront se réinventer en créant plus de valeur, et l'arrière-scène a ici un rôle à jouer.

Par ailleurs, la pression de la concurrence, l'uniformisation des produits et des services, la désagrégation de la chaîne de valeur et la baisse des coûts de communication ont accéléré le glissement vers la banalisation et l'externalisation des activités vers des zones à coût de main-d'œuvre plus faible. Et le fait que ce transfert d'activité touche maintenant le secteur des services alimente l'inquiétude de tout un chacun et suscite nombre de débats politiques ou articles de journaux.

D'après une étude réalisée par le McKinsey Global Institute[3], « 11 % des emplois de services dans le monde sont susceptibles d'être assurés à distance », mais les « emplois de service » de cette étude font référence au secteur des services et j'ai déjà expliqué combien ce secteur restait flou et mal défini. Appliqués uniformément à l'ensemble du secteur, ces 11 % n'ont pas grande signification. Là encore, il est utile de faire la différence entre activités d'arrière-scène et activités d'avant-scène.

L'étude du McKinsey Global Institute aboutit cependant à des conclusions plus intéressantes lorsqu'elle divise l'économie mondiale en huit secteurs spécifiques en distinguant en particulier « les services informatiques et les logiciels » qui offrent un potentiel d'externalisation de 49 %, et la « santé » ou la « vente de détail » avec un potentiel de respectivement 8 % et 3 %.

Ce résultat se comprend beaucoup mieux avec notre définition des services. Près de la moitié des emplois dans les « services informatiques et les logiciels » peuvent être facilement assurés à distance puisqu'ils concernent pour la plupart des activités de production d'arrière-scène centrées sur le produit. À l'inverse, les emplois de « santé » et de « vente de détail » concernent des activités tournées vers l'avant-scène, face au client, donc plus difficilement exportables.

Le « blues » des cols blancs de l'arrière n'est pas prêt de s'arrêter car ils vont subir le même sort que les cols bleus au nom de la productivité et des économies d'échelle. Le phénomène est le même qu'il s'agisse de transformation de matières premières ou de traitement de l'information, la différence principale étant que les bits électroniques d'information voyagent plus rapidement et à un coût beaucoup plus faible que les atomes et molécules des produits physiques. Toute activité précisément décrite et spécifiée peut être ainsi automatisée, « webifiée » ou délocalisée de multiples façons.

Jusqu'où peut-on aller ? « Il est impossible de délocaliser une coupe de cheveux, explique Tom Friedman[4], cependant vous pouvez exporter la partie concernant la prise de rendez-vous ». Mais a-t-on intérêt à pousser la productivité aussi loin ? D'une façon générale, la décision de délocalisation d'une activité de service comme un centre d'appel vers le Maroc ou la Tunisie est délicate. Tout dépend du niveau d'intimité, du niveau de feedback requis, de la personnalisation et de l'intégration souhaitées. Le lecteur dispose maintenant de nombre d'idées et de concepts qui l'aideront à répondre à cette question.

Ce livre avait pour objet de trouver une définition des services utile, simple et opérationnelle, autrement dit une définition pouvant couvrir tout le champ économique et réintégrer différentes approches déjà utilisées pour explorer le domaine. Cette définition opérationnelle devrait permettre de mieux comprendre les problématiques services qu'il s'agisse de positionnement, de conception ou de mise en œuvre.

Le triangle des services a permis de mettre en lumière la culture de double partenariat de l'entreprise avec ses employés et ses clients. Le glissement vers l'enfer de la banalisation a montré la nécessité de positionner et de repositionner le service sur la matrice d'intensité de service. J'ai montré combien il était difficile de concevoir et d'ajuster le mix service pour trouver le juste équilibre entre valeur pour le client, valeur pour l'employé et valeur pour l'entreprise. J'ai exploré les trois mouvements de la qualité pour mettre en évidence les aspects particuliers de la qualité de service. Enfin, j'ai testé la définition en l'appliquant à des exemples aux deux extrémités du champ des services – les services industriels et les services professionnels – afin d'en éprouver la solidité.

Je me suis efforcé de limiter autant que possible le nombre de concepts, parce qu'ils sont déjà trop nombreux dans la littérature actuelle et que la partie la plus difficile du travail est la mise en œuvre. Les cartes d'orientation et les représentations graphiques proposées devraient aider à questionner les processus existants et à engager une dynamique de réalignement. J'espère avoir convaincu le lecteur que le service, c'est l'avant-scène. Aujourd'hui, nous sommes tous dans les services, plus ou moins mais nous le serons davantage dans les années à venir.

Notes

Chapitre 1 - Pourquoi une nouvelle définition des services ?

1. Sources des données concernant la classification sectorielle :

   OECD Quarterly Labor Force Statistics.

   Mitchell, B.R. *International historical statistics : The Americas 1750-1993* – 4th edn, McMillan Reference, 1998, Table B1.

   US Department of Labor. Bureau of Labor Statistics. *Employment, Hours, and Earnings* from the Current Employment Statistics survey (National).

2. Theodore Levitt. « Production-line Approach to Service ». *Harvard Business Review*, septembre/octobre 1972.

3. Galbraith, Jay. *Designing Organizations.* Jossey-Bass, 1995.

Chapitre 2 - Le service : l'expérience d'avant-scène

1. Baumol, William J. et Kenneth McLennan (eds). *Productivity Growth and United States Competitiveness.* Oxford University Press, 1985.

2. Carlzon, Jan. *Moments of Truth.* Ballinger Publishing Company, 1987.

3. Welch, Jack. *Straight from the Gut.* Warner Books, 2001. Traduction française : *Ma vie de patron*, Village Mondial, 2001.

Chapitre 3 – Le triangle des services

1. Bandler, Richard et John Grinder. *Frogs into Princes : Neurolinguistic Programming.* Eden Grove Edns, 1990.

2. Heskett, James, Thomas Jones, Gary Loveman, Earl Sasser et Leonard Schlesinger. « Putting the Service-Profit Chain to Work ». *Harvard Business Review*, mars/avril 1994.

Chapitre 4 – La matrice d'intensité de service

1. Hayes, Robert and Steve Wheelwright. « Link Manufacturing Process and Product Life Cycles ». *Harvard Business Review*, janvier/février 1979.
2. Maister, David. *Managing the Professional Service Firm*. The Free Press, 2003.

Chapitre 5 - Trouver et conserver le bon accord

1. Kim, Chan et Renée Mauborgne, *blue Ocean strategy*. Harvard Business School Press, 2005. Traduction française : *Stratégie Océan bleu*, Village Mondial.
2. Vandermerwe, Sandra. *From Tin Soldiers to Russian Dolls : Creating Added Value through Services*. Butterworth-Heinemann, 1993.

Chapitre 7 - Les trois mouvements de la qualité

1. Deming, Edward. *Out of the Crisis*. The MIT Press, 1982.
2. Ishikawa, Kaoru. *What is Total Quality Control ? The Japanese Way*. Prentice Hall, 1985.
3. Crosby, Philip. *Quality without Tears*. Plume Book, 1984.
4. Sewell, Carl. *Customers for Life*. Pocket Books, 1990.
5. Hammer, Michael et James Champy. *Re-engineering the Corporation*. Harper Business, 1994. Traduction française : *Le Reengineering*, Dunod.

Chapitre 8 - Équilibrer capacité et demande

1. Talluri, Kalyan et Garrett Van Ryzin. *Theory and Practice of Revenue Management*. Kluwer Academic Publishers, 2004.
2. Larson, Richard. « There is more to a line than its wait ». *Technology Review*, juillet 1988.

Chapitre 9 - D'un secteur à l'autre

1. Vandermerwe, S. et M. Taishoff. *SKF Bearings : Market Orientation through Services*. IMD case study, 1991.
2. Welch, Jack. *Straight from the Gut*. Warner Books, 2001. Traduction française: *Ma vie de patron*, Village Mondial, 2001.
3. Scott, Mark C. *The Professional Service Firm*. John Wiley, 2001.
4. Maister, David. *True Professionalism*. The Free Press, 1997.
5. Oliva, Rogelio, Hallowell, Roger et Gabriel Bitran. *Merril Lynch : Supernova*. Harvard Business Services case study 9-604-053, 2003.

Chapitre 10 – Gérer le processus de changement

1. Christensen, Clayton M. *The Innovator's Dilemma : When Technologies Cause Great Firms to Fail.* Harvard Business School Press, 1997.

Conclusion

1. Porter, Michael, Elizabeth Olmsted Teisberg. *Redefining health care*, H.B.S. Press, 2006.
2. Ouchi, William. *Making schools work*, Simon & Schuster, 2003.
3. McKinsey Global Institute. *The Emerging Global Labor Market.* 2005.
4. Friedman, Thomas. *The World is Flat.* Farrar, Straus and Giroux, 2005. Traduction française : *La terre est plate*, Fondation Saint-Simon, 2006.

Bibliographie sur les services

Anderson, Kristin et Ron Zemke. *Knock your Socks Off: Delivering Service.* Amacom, 1991.

Bandler, Richard et John Grinder. *Frogs into Princes: Neurolinguistic Programming.* Eden Grove Edtns, 1990.

Bell, Chip R. et Ron Zemke. *Knock your Socks Off: Managing Service.* Amacom, 1992.

Berry, Leonard L., Parasuraman, A. et Valarie A. Zeithaml. « Servqual : A Multiple-Item Scale for Measuring Customer Perceptions of Service Quality ». (Report No. 86-108), Marketing Science Institute, 1986.

Berry, Leonard L. *On Great Service : A Framework for Action.* The Free Press, 1995.

Berry, Leonard L. *Discovering the Soul of Service : The Nine Drivers of Sustainable Business Success.* The Free Press, 1999.

Brown, Richard et Julius DeAnne. *Manufacturing in the New World Order : Shell International Petroleum Company.* Global Scenarios, 1993.

Carlzon, Jan. *Moments of Truth.* Ballinger Publishing Company, 1987.

Christensen, Clayton M. *The Innovator's Dilemma : When Technologies Cause Great Firms to Fail.* Harvard Business School Press, 1997.

Collier, David A. *Service Management : Operating Decisions.* Prentice Hall, 1987.

Crosby, Philip. *Quality without Tears : The Art of Hassle-Free Management.* Plume Book, 1984.

Deming, Edward. *Out of the Crisis.* The MIT Press, 1982.

Edvardsson, Bo, Thomasson, Bertil et John Øvretveit. *Quality of Service : Making It Really Work.* McGraw-Hill, 1994.

Fitzsimmons, James A. et Mona J. Fitzsimmons. *Service management: Operations, Strategy, and Information Technology.* 4th edn, McGraw-Hill Irwin, 2004.

Freemantle, David. *Incredible Customer Service: The Final Test.* McGraw-Hill, 1993.

Friedman, Thomas. *The World is Flat.* Farrar, Straus & Giroux, New York, 2005. Traduction française : *La terre est plate,* Fondation Saint-Simon, 2006.

Galbraith, Jay R. *Designing Organizations: An Executive Briefing on Strategy, Structure and Process.* Jossey-Bass, 1995.

Gee, Francesca and James Teboul. *Benihana U.K. (Ltd.).* INSEAD case study, 1997.

Gladwell, Malcom. *The Tipping Point.* Blackday Books, 2000. Traduction française : *Le point de bascule,* Transcontinental.

Grönroos, Christian. *Service Management and Marketing : Managing the Moments of Truth in Service Competition.* Lexington Books, 1990.

Hammer, Michael et James Champy. *Re-engineering the Corporation.* Harper Business, 1994. Traduction française : *Le Reengineering,* Dunod.

Hart, Christopher W.L. « The Power of Unconditional Service Guarantees ». *Harvard Business Review,* juillet/août 1988.

Hart, Christopher W.L., Heskett, James L. et W. Earl Sasser, Jr. « The Profitable Art of Service Recovery ». *Harvard Business Review,* juillet/août 1990, pages 148-156.

Hayes, Robert and Steve C. Wheelwright. « Link Manufacturing Process and Product Life Cycles ». *Harvard Business Review,* janvier/février 1979.

Heskett, James L. *Shouldice Hospital Limited.* Harvard Business Services case study, 1989.

Heskett, James L., Jones, Thomas O., Loveman, Gary W., Sasser, Jr., Earl W. et Leonard A. Schlesinger. « Putting the Service-Profit Chain to Work ». *Harvard Business Review,* mars/avril 1994, pages 164-174.

Heskett, James L., Sasser, Jr., Earl W. et Christopher W.L. Hart. *Service Breakthroughs : Changing the Rules of the Game.* The Free Press, 1990.

Heskett, James L., Sasser, Jr., Earl W. et Leonard A. Schlesinger. *The Service-Profit Chain : How Leading Companies Link Profit and Growth to Loyalty, Satisfaction, and Value.* The Free Press, 1997.

Imai, Massaki. *Gemba Kaizen : A Commonsense Low-Cost Approach to Management.* McGraw-Hill, 1997.

Ishikawa, Kaoru. *What is Total Quality Control ? The Japanese Way.* Prentice Hall, 1985.

Kim, Chan et Renée Mauborgne. *Blue Ocean Strategy : How to Create Uncontested market Space and Make competition Irrelevant.* Harvard Business Press, 2005. Tradcution française : *Stratégie Océan Bleu,* Village Mondial, 2006.

Kotter, John P. *Leading Change.* Harvard Business School Press, 1996.

Larson, Richard. « There is More to a Line than its Wait ». *Technology Review,* juillet 1988.

Levitt, Theodore. « The Industrialization of Service ». *Harvard Business Review,* septembre/octobre 1976, pages 63-74.

Levitt, Theodore. « Production-line Approach to Service ». *Harvard Business Review,* septembre/octobre 1972, pages 41-52.

Lovelock, Christopher H. *Product Plus : How Product + Service = Competitive Advantage.* McGraw-Hill, 1993.

Lovelock, Christopher H. et Joche Wirtz. *Services Marketing : People, Technology, Strategy.* Prentice Hall, 2003.

Maister, David H. *True Professionalism* : *The Courage to Care About Your People, Your Clients, and Your Carreer.* The Free Press, 1997.

Maister, David H. *Managing the Professional Service Firm.* The Free Press, 2003.

McLuhan, Marshall. *Forward through the Rearview Mirror, Reflections on and by Marshall McLuhan.* The MIT Press, 1996.

Normann, Richard. *Service Management : Strategy and Leadership in Service Business.* 3rd edn, John Willey & Sons, 2000.

Oliva, Rogelio, Hallowell, Roger et Gabriel Bitran. *Merril Lynch : Supernova.* Harvard Business Services case study 9-604-053, 2003.

Ouchi, William. *Making schools work,* Simon & Schuster, 2003.

Parasuraman, A. and Leonard L. Berry. *Marketing Services : Competing Through Quality.* The Free Press, 2004.

Payne, Adrian. *The Essence of Services Marketing.* Prentice Hall, 1993.

Pine II, B. Joseph et James H. Gilmore. *The Experience Economy : Work is Theater & and Every Business a Stage.* Harvard Business School Press, 1999.

Porter, Michael, Elizabeth Olmsted Teisberg. *Redefining health care,* H.B.S. Press, 2006.

Quinn, James Brian. *Intelligent Enterprise.* The Free Press, 1992.

Quinn, James Brian et Christopher E. Gagnon. « Will Services Follow Manufacturing into Decline ? » *Harvard Business Review,* novembre/décembre 1986, pages 95-103.

Reichheld, Frederick F. et W. Earl Sasser, Jr. « Zero Defections : Quality Comes to Service ». *Harvard Business Review,* septembre/octobre 1990, pages 105-111.

Rust, Roland T. et Richard L. Oliver (eds). *Service Quality : New Directions in Theory and Practice.* SAGE Publications, 1994.

Schlesinger, Leonard A. et James L. Heskett. « The Service-Driven Service Company ». *Harvard Business Review,* septembre/octobre 1991, pages 71-81.

Schmidt, Waldemar, Adler, Gordon et Els van Weering. *Winning at Service : Lessons from Service Leaders.* Wiley, 2003.

Schneider, Benjamin et David E. Bowen. *Winning the Service Game.* Harvard Business School Press, 1995.

Scott, Mark. *The Professional Service Firm.* Wiley, 2001.

Sewell, Carl. *Customers for Life.* Pocket Books, 1990.

Schostack, G. Lynn. « Breaking Free From Product Marketing ». *Journal of Marketing,* avril 1997, pages 73-80.

Schostack, G. Lynn. « Designing Services that Deliver ». *Harvard Business Review,* janvier/février 1984, pages 133-139.

Talluri, Kalyan et Garrett J. Van Ryzin. *The Theory and Practice of Revenue Management*. Kluwer Academic Publishers, 2004.

Teboul, James. *Managing Quality Dynamics*. Prentice Hall, 1991.

Vandermerwe, Sandra. *From Tin Soldiers to Russian Dolls : Creating Added Value through Services*. Butterworth-Heinemann, 1993.

Vandermerwe, Sandra. *The Eleventh Commandment : Transforming to « Own » Customers*. John Wiley & Sons, 1996.

Vandermerwe, S. et M. Taishoff. *SKF Bearings : Market Orientation through Services*. IMD case study, 1991.

Van Looy, Bart, Roland Van Dierdonck et Paul Gemmel (eds). *Service management : An Integrated Approach*. Financial Times Publishing, 1998.

Watkins, Michael. *The First 90 Days : Critical Success Strategies for New Leaders at All Levels*. Harvard Business School Press, 2003.

Welch, Jack. *Straight from the Gut*. Warner Books, 2001. Traduction française : *Ma vie de patron*, Village Mondial.

Wright, Lauren et Christopher H. Lovelock. *Principles of Service Marketing and Management*. Prentice Hall, 2004.

Zeithaml, Valarie, Parasuraman, A. et Leonard L. Berry. *Delivering Quality Service: Balancing Customer Perceptions and Expectations*. The Free Press, 1990.Wyckoff, Daryl. « New Tools for Achieving Service Quality ». *The Cornell HRA Quarterly,* novembre 1984.

Zeithaml, Valarie et Mary Bitner. *Services Marketing*. McGraw, 2002.

Index

219

© Groupe Eyrolles

www.ingramcontent.com/pod-product-compliance
Lightning Source LLC
Chambersburg PA
CBHW061208220326
41599CB00025B/4572